Menorca
REISEFÜHRER
EIN STREIFZUG DURCH DIE INSEL

▼ *TRIANGLE POSTALS*

© 1997
TRIANGLE POSTALS S. L. Sant Lluís, Menorca

Fotografien
Jaume Serrat
Ricard Pla
Lluís Bertràn
Iñaki Relanzón
Melba Levick
Pere Sintes

Text
Joan Montserrat
Imma Planes *(Informationen und Empfehlungen)*

Wir bedanken uns bei
Lluís Plantalamor (Museu de Menorca)
Fernando Contreras (Ecomuseu de Cap de Cavalleria)
Aeroclub Sant Lluís

Gestaltung
Joan Barjau
Ricard Pla

Abbildungen
Perico Pastor

Layout
Triangle Postals. S. L.

Karten
Triangle Postals. S. L.

Fototechnik
Tecnoart

Druck
Industrias Gráficas Viking S.A.

Depósito legal
B.: 30.519 - 1997

ISBN
84-89815-19-4

Inhaltsverzeichnis

MENORCA, EINE INSEL MIT BESONDEREM CHARME 5
   Der geographische Rahmen 6
   Das Wasser, das Licht und der Wind 7
   Flora und fauna 8
   Das Meer und seine Reichtümer. 12

GESCHICHTE UND GESELLSCHAFT 14
   Die Eroberung durch die Katalanen 15
   Briten und Franzosen. 16
   Die neuere Geschichte. 17
   Wirtschaft 19

STEINERNE ZEUGEN DER VORGESCHICHTEI 20
   Grabhöhlen 21
   Navetes 21
   Talaiots 22
   Taules 22

LÄNDLICHE ARCHITEKTUR 24

DIE FESTE 28

VON OSTEN NACH WESTEN 30
   Maó 30
   Es Castell 33
   Sant Lluís 33
   Alaior. 34
   Es Mercadal und Fornells 35
   Ferreries 36
   Es Migjorn 36
   Ciutadella 37

DIE KÜSTEN DER INSEL AUS DER VOGELPERSPEKTIVE / AUSFLÜGE
   I.   Von Maó nach Na Macaret 40
   II. Von Arenal d'en Castell nach Cala Pregonda 54
   III. Von Cala Pilar nach Macarella 68
   IV. Von Cala Galdana nach Cala en Porter 84
   V.   Von Cales Coves nach Cala Sant Esteve 96

LANDKARTE 110

AUSFLÜGE MIT DEM AUTO 112
   I. Von Maó nach Son Parc 112
   2. Von Alaior zum Cap de Cavalleria 113
   3. Die umgebung von Ciutadella 114
   4. Von Es Mercadal nach Cala Galdana. 115
   5. Südostroute. 116

INFORMATIONEN UND EMPFEHLUNGEN 118
   Kunst und kultur 118
   Kunsthandwerk 121
   Antiquitäten 121
   Feste 122
   Freizeitgestaltung-sport auf Menorca 123
   Unterbringung 125
   Essen 125
   Verkehrsverbindungen 126
   Gesundheitswesen 127
   Wichtige Rufnummern 127

Cala Macarelleta

Eine Insel
mit besonderem Charme

Wer sich daran macht, diese Insel zu entdecken, pflegt zu sagen, sie sei einzigartig, verschieden, überraschend.

Einzigartig ist sie ohne Zweifel, so wie jeder Winkel dieser Erde es sein kann, denn immer wird es irgendeinen besonderen Zug geben, der uns den Eindruck verschafft, er sei verschieden. Überraschend, dieses Attribut, das heutzutage nicht mehr so einfach anzuwenden ist, scheint uns jedoch das passendste. Menorca ist – glücklicherweise – noch in der Lage, seine Besucher zu überraschen.

Die Merkmale der Insel sind so vielfältig und wegen ihrer Verschiedenheit unerwartet, daß keine umfassende Definition in einem Wort möglich ist, aber schon ein Besuch von kürzester Dauer gibt genügend Hinweise darauf, daß es sich um eine ganz besondere Insel handelt.

Menorca ist die zweitgrößte Insel der Balearen und zudem sowohl die nördlichste als auch die östlichste. Hinsichtlich des Klimas und der Bodenformation unterscheidet sich Menorca wesentlich vom Rest der Inselgruppe. Die historische Entwicklung mit ihren zahlreichen Veränderungen seit dem Altertum und die Spuren, die die verschiedenen Besatzer auf der Insel hinterlassen haben, bilden einen besonderen, einzigartigen Zusammenhang... So ist es nicht verwunderlich, daß es über Menorca eine umfangreiche Literatur gibt, die diese Vielfältigkeit bekräftigt: Es gibt viel zu sehen und vieles, über das man reden kann.

Ein Beispiel: Die Siedlungen in diesem geographischen Raum waren immer in hohem Grade voneinander unabhängig, wenn nicht sogar miteinander verfeindet, bis die Notwendigkeit einer globalen Territorialpolitik und die Fortschritte im Bereich der Kommunikationsmittel sie einander näherbrachte. Das Inseldasein wurde bestmöglich verteidigt; aus Angst, die traditionellen Besonderheiten oder den Bewegungsspielraum einzubüßen, bemühte man sich, die bestehenden Distanzen aufrechtzuerhalten.

Futterpflanzen auf den Feldern

Cala Galdana

Auf der anderen Seite hat sich der Menorkiner, dessen Wurzeln in vielen Kulturen und ethnischen Kreuzungen zu suchen sind, gegenüber Fremden aber immer großzügig gezeigt, offen und bereit, seine Reichtümer zu teilen. Noch vor wenigen Jahren war es ungewöhnlich, in den Dörfern eine verschlossene Tür zu entdecken. Gelassenheit war der Normalzustand, die Sauberkeit in den Häusern spiegelte sich auf den Straßen wieder, jegliche Betriebsamkeit richtete sich nach dem Lauf der Sonne...

All dieses ist angesichts der Touristenmassen, die in den Sommermonaten über die Insel hereinbrechen, schwierig zu erhalten, aber selbst unter diesen Umständen bemüht man sich auf Menorca noch, mit den Besuchern die Lebensqualität zu teilen, die die Inselbewohner den Rest des Jahres über genießen, und die Unzuträglichkeiten, die die Steigerung der normalen Anzahl von 70 000 Einwohnern um häufig mehr als das Doppelte mit sich bringt, zu ertragen.

In diesem Sinne haben die Bewohner der Balearen die natürlichen Räume auf ihren Inseln immer mehr schätzen gelernt. Auf Menorca war die Opposition gegen den Bau weiterer Siedlungen bis vor sehr kurzer Zeit eine exklusive Angelegenheit einiger Gruppierungen, die einen fast immer unersetzlichen Reichtum in Gefahr sahen. Jetzt aber ist der Wunsch, die Interessen des Tourismus mit dem Schutz der Natur in Einklang zu bringen, überall vorhanden. Die kürzliche Verleihung des Prädikats „**Biosphärenreservat**" durch die UNESCO hat auch die letzten, widerwilligen Sektoren der Inselgesellschaft davon überzeugen können, daß ein harmonischer Fortschritt ohne einen Rahmen, der der Verteidigung und der Aufrechterhaltung dieser Realität dient, nicht möglich ist.

Im Rahmen dieser Entwicklung muß auch der Schritt, der mit der Verabschiedung des spanischen Gesetzes über Naturschutzgebiete gemacht wurde, das fast der Hälfte des Territoriums Schutzwürdigkeit auf verschiedenen Ebenen bescheinigt, als außerordentlich wichtig betrachtet werden. Insgesamt wurden 19 Gebiete als „Naturschutzgebiete von besonderem Interesse" oder „Landstriche von besonderem landschaftlichen Wert" katalogisiert, woraus sich einerseits erkennen läßt, daß die erwähnten Reichtümer tatsächlich noch bestehen, und andererseits, daß es den Willen und die Notwendigkeit gibt, sie zu erhalten.

Der geographische Rahmen

Die im Golf von Lyon, praktisch im Zentrum des westlichen Mittelmeers gelegene Insel Menorca ist fast gleich weit von Marseille und Algier entfernt und etwas weniger weit vom spanischen Küstenort Castelló de la Plana und Oristano auf Sardinien. Ihre Küste mit einer Gesamtlänge

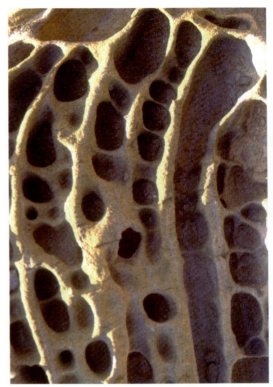

Die Bodenabtragung durch den Wind

von 290 km faßt eine Fläche von 701,84 km^2 ein. Der größte Durchmesser der Insel beträgt weniger als 48 km, und ihre äußersten geografischen Punkte sind das Cap de Cavalleria im Norden, die Illa de l'Aire im Süden, das Cap de Sa Mola im Osten und das Cap de Bajolí im Westen. Ciutadella und die nächstgelegene Ortschaft auf der Insel Mallorca, Alcúdia, liegen 50 km voneinander entfernt.

Die nördlichen Landstriche der Insel unterscheiden sich wesentlich von denen im Süden. Die natürliche Grenze zwischen beiden Bereichen entspricht in etwa einer Diagonalen vom Hafen von Maó nach Algaiarens. Oberhalb dieser Trennlinie finden wir ältere Bodenformationen des nicht mehr erhaltenen paläozoischen Sockels, andere, die während des Trias entstanden, und wieder andere, die aus dem Jura und der Kreidezeit stammen. So ergibt sich eine farblich und strukturell kontrastreiche Folge. Die Böden stützen eine hügelige Oberfläche, aus der einige Anhöhen aufragen, nämlich Santa Àgueda (264 m), S'Enclusa (274 m) und der Monte Toro (358 m).

Vom Süden her hat sich ein breiter Streifen aus Miozänformationen über das beschriebene Gebiet geschoben und eine flache, kalkige Oberfläche geformt, die später von starken Regengüssen aus dem Norden teilweise abgetragen wurde. So entstanden Flußbetten, die das

Ländliche Umgebung

Gebiet mit zahlreichen kleinen, aber tiefen Schluchten durchzogen. Im menorkinischen *migjorn*, dem Südhang der Insel, ist das Gestein kalkhaltig und der Sand der Strände weiß, während im Norden, der *tramuntana* heißt, Kieselerde vorherrscht, die mit verschiedenen Sandstein–, Kreide– und Schieferarten durchsetzt ist.

Das Wasser, das Licht und der Wind

Tier- und Pflanzenwelt passen sich dieser Umgebung je nach Bodenbeschaffenheit sowie abhängig vom ihrem Bedarf und der Verfügbarkeit von Wasser an. Die Trinkwasserversorgung stellt für die Menorkiner von jeher eine große Sorge dar. An den prähistorischen *cocons*, in die Felsen gehauenen Aushöhlungen geringer Tiefe, und den Zisternen aus weniger weit zurückliegenden Epochen läßt sich erkennen, daß die Inselbewohner immer darauf angewiesen waren, die geringen natürlichen Süßwasserbestände mit Regenwasserreserven zu ergänzen. Nur im Süden, wo der Boden durchlässiger ist, ist er auch in der Lage, Regenwasser aufzunehmen und als Grundwasser zu speichern.

Glücklicherweise ist das Klima im Vergleich mit dem Rest der Inselgruppe sehr feucht. Wer Menorca nur aus den trockenen Sommermonaten kennt, vermag sich vermutlich die grüne Explosion während der restlichen Monate des Jahres kaum vorzustellen. Außer in insgesamt sehr trockenen Jahren wird der im August fehlende Regen normalerweise durch die Regelmäßigkeit der Niederschläge und den im Winter reichlich vorhandenen Tau locker kompensiert. Den unbekannten Herbst nennt man hier *primavera d' hivern*, Winterfrühling. Hierbei handelt es sich nicht um eine bloße poetische Umschreibung, denn der Herbst ist hier wirklich frühlingshaft, und die fast vollständige Abwesenheit von Laubbäumen, die ihre Blätter im Herbst abwerfen, verhindert für sich allein schon das typische Bild dieser Jahreszeit, das man aus anderen Breiten kennt.

Ein weiterer Faktor, der den Charakter der Insel wesentlich mitbestimmt, ist ihr besonderes Verhältnis zum Wind. Da Menorca praktisch frei von Hindernissen ist, die dem Wind etwas entgegenzusetzen hätten, ist die Insel jedem Lufthauch ungeschützt ausgesetzt, egal, von wo er kommt. Meist bläst der Wind aus dem Norden; seine gefürchteste Variante ist auch die kräftigste und konstanteste, nämlich die *tramontana*, der Geschwindigkeiten von 35 bis über 90 Stundenkilometern erreicht und die Landschaft entscheidend formt. Seiner Kraft ist die Neigung zuzuschreiben, die die Büsche und Bäume aufweisen, er behindert die Arbeit auf dem Land und auf

Monte Toro

Dieser Fels von 358 Metern Höhe liegt im Zentrum der Insel und stellt wegen seines Sanktuars für viele Menorkiner einen Pilgerort dar. Seine Lage macht den Gipfel zum bevorzugten Aussichtspunkt, von dem aus Mallorca und natürlich die ganze Küste gesehen werden kann. Einst war er befestigt, damit sich die Inselbewohner gegen die Angriffe berberischer Piraten zur Wehr setzen konnten, heute aber handelt es sich um einen spirituellen Ort der Anbetung des braunen Marienbildes, der Schutzheiligen Menorcas. Der Legende zufolge wurde die Figur von einem heiligen Mercedariermönch gefunden, der von einem silberhufigen Stier mittels Zeichen auf sie hingewiesen worden war. Das Kloster wird heute von Franziskanernonnen bewohnt.

Der Name der Anhöhe stammt nicht vom Wort toro – zu deutsch Stier – sondern vom vorrömischen Tor, dem ethymologischen Vorläufer des katalanischen *turó* – zu deutsch Hügel. Bei den Arabern hieß der Fels Al Thor, was Anhöhe bedeutet. An der Nordseite erlaubt ein Pfad durch den Steineichenwald den Aufstieg zu Fuß, und an derselben Seite befindet sich auch die Quelle des Enzell, an der sich die einzige Mineralwasser-Abfüllanlage der Insel befindet. Das Denkmal für die in Afrika Gefallenen wirkt etwas erdrückend, was aber wirklich stört, sind die vielleicht unvermeidlichen Fernmeldeantennen.

dem Meer, und das Salz, das er mit sich trägt, schadet den Obstbäumen. Andererseits gewährleistet er aber auch häufig einen blauen, unbewölkten Himmel, saubere Luft und kräftigen Sonnenschein... und den Kühen gefällt das zurechtgemachte Weidegras.

Extreme Temperaturen sind unbekannt, man muß schon auf die Archive zurückgreifen, um festzustellen, daß es „irgendwann einmal irgendeinen Tag" geschneit habe. Die Durchschnittstemperatur beträgt im Sommer 25 ºC und im Winter 12 ºC. Hierin liegt wohl auch einer der wichtigsten Gründe, weshalb viele ausländische Rentner, vor allem aus Großbritannien, sich hier einen angenehmen Ruhesitz gesucht und ihn auch gefunden haben.

Flora und Fauna

Wie bereits gesagt, gibt es auf Menorca kaum Laubbäume. Das ist u.a. darauf zurückzuführen, daß das vorhandene Wasser optimal genutzt werden muß, weshalb immergrüne Spezies mit impermeablen Blättern Vorteile haben. Sozusagen „einheimische" Gewächse wie der Johannisbrot-, der Mandel-, der Feigen- und der Olivenbaum (obwohl hier die Wildolive – der genetische Vorläufer – überwiegt), die auf den anderen Baleareninseln häufig sind, verlieren auf Menorca an Bedeutung. Auch die Kaktusfeige als „zweite Feige" – die der Menorkiner als Maurenfeige im Gegensatz zur Christenfeige bezeichnet – sollte hier nicht unerwähnt bleiben.

Zur Holzproduktion wurde im allgemeinen auf die Wildolive und die Steineiche, die dem Boden und dem Klima am besten angepaßt sind, zurückgegriffen. Tatsächlich bildeten diese Bäume die wichtigsten Ökosysteme der Insel, und das sollte auch so sein; aber gerade ihr teilweises Verschwinden hat dazu geführt, daß sich in den Wäldern im Norden und im Zentrum der Insel einige Pinienarten ausbreiten konnten. In den Feuchtgebieten und in Strandnähe finden sich Sevenbäume, viele Buchten sind aber auch von Pinienhainen umgeben.

Auf einer zweiten Vegetationsebene finden wir Mastixsträuche, immergrünen Wegedorn, Erdbeerbäume, Heidekraut, Myrte, Ginster, Wacholder, Oleander, Dornenbüsche... und in größerer Bodennähe Liliazeen (wie der wilde Spargel), Aronstabgewächse (wie den seltsamen *bec de frare*, den „Pfaffenschnabel") sowie einige kuriose Orchideengewächse, darunter die sogenannten gelb-blauen „Fliegen". In den Dünen lassen sich darüber hinaus Strandlilien entdecken, in abgeholzten Gebieten die weiße und die schwarze Zistrose und in den Feuchtgebieten Schilf. Flechten bedecken die Felsen, und dem heftigen Wind, der an der Küste herrscht, trotzen dichte, runde Dornensträucher, die sogenannten *socarrells*.

Eine Insel mit besonderem Charme

„Schweinsohr" (Dranunculus musciborus)

„Rote Fliegen", eine auf Menorca heimische Orchideenart

Einzelheit einer Mittelmeerschildkröte

Seidenreiher (Egretta garzetta)

Die Tierwelt ist zu Lande durch kleinere Säugetiere, Reptilien, Insekten und zahlreiche Vögel vertreten. Unter den erstgenannten ragen Marder, Frettchen, Wiesel, Kaninchen, Fledermäuse, einige Arten von Feldmäusen und der scheue Igel heraus. Die Reptilien sind durch die Mittelmeer-Schildkröte, Eidechsen und einige kleine, ungiftige Schlangen vertreten. Die meisten Arten entstammen jedoch dem Reich der Vögel. Daß wir den majestätischen Flug eines Rotmilanpärchens oder anderer Greifvogelarten beobachten können, weist auf die Unversehrtheit der ökologischen Pyramide hin, denn daß sie an der Spitze derselben stehen, läßt auf das darunter befindliche Gleichgewicht schließen.

Alle Biotope, die sich auf der Insel unterscheiden lassen, haben ihre eigene Vogelwelt. In den Schluchten gibt es Turtel- und Ringeltauben, Wildtauben und Amseln, an den Steilküsten und in den Häfen Möwen, Sturmschwalben, Sturmtaucher und Kormorane, in den Wäldern und auf den Äckern Waldschnepfen, Goldhähnchen, Ziegenmelker und Schnäpper, Rebhühner und Wachteln... Darüber hinaus lassen sich auf dem offenen Land Lerchen, Haubenlerchen, Ammern, Wiedehopfe und Raben beobachten. Hinzu kommen im Winter Rotkehlchen und Grasmücken und große Star- und Drosselscharen, denn viele Zugvögelarten, die der Kälte des Nordens entfliehen, legen auf Menorca einen Zwischenstopp ein.

Wenn es dann auf den Sommer zugeht, kommen aus den Gebieten südlich der Sahara Rauch- und Uferschwalben, Bienenfresser usw. In einigen Gegenden der Insel sind die Vogelbestände von so großer Bedeutung, daß ihretwegen Siedlungsprojekte eingestellt wurden. Dies war z.B. der Fall bei der Lagune **Albufera de Es Grau**, wo neben der großen seßhaften Vogelschar jedes Jahr Tausende von Zugvögeln brüten. Hobbyornithologen können hier, im Wasser, an den Ufern und im Schilf Stockenten, Bläßhühner, Wasserrallen, Rohrsänger, Stelzenläufer, Lappentaucher, Reiher, Strandläufer, Tafelenten, Triele und andere Vögel beobachten.

Darüber hinaus sind das ganze Jahr über Greif- und Aasvögel vertreten. Der Einbruch des Menschen in einige Gegenden, in denen diese Vögel zu nisten pflegten, hat die Anzahl von Exemplaren einiger der Arten mit der größten Spannweite bedrohlich schrumpfen lassen; das ist beispielsweise beim Fischadler, beim Zwergadler und sogar beim Rotmilan der Fall. Falken, Mäusebussarde, Sperber, Schmutzgeier und Rohrweihen sind dagegen noch recht häufig zu beobachten. Genauso Käuze und Eulen. Schließlich sind auch von den kleineren Insektenfressern noch viele Arten vertreten, die aufgezählt werden könnten.

Eine Insel mit besonderem Charme

Mäusebussard (Buteo buteo)

Rauhfußkauz (Neophron percnopterus)

Das Meer und seine Reichtümer

Der natürliche Reichtum setzt sich, wie es sich für eine Insel gehört, im Meer fort. Dort, wo das Land endet, malen Wellen und Gezeiten bei jedem Schritt, bei jedem Ruderschlag eine andere Landschaft. Wer sich daran macht, die Küste der Insel auf ihrer ganzen Länge zu erforschen, muß ein Abenteurer sein. Die Inselregierung hat in Zusammenarbeit mit den Städten damit begonnen, einen historischen Weg, den *Camí de Cavalls* von 1682, wieder herzurichten, der bis gegen Mitte dieses Jahrhunderts von Militär und Bürgern genutzt wurde. Solange die Restaurierung aber nicht abgeschlossen und der Weg für Fußgänger, Radfahrer und Reiter wieder passierbar ist, kann die Küste eigentlich nur vom Meer aus oder aus der Luft eingehend studiert werden.

Sargantanes

Die Eidechsenarten, die hier so zahlreich sind wie die Felseneiländer, sind Forschungsobjekte von Naturforschern und Biologen. Die Illa de ses Sargantanes, die Illa d'en Colom, die Illa de l'Aire... Gerade hier ging der Bestand bis vor kurzem wegen der starken Nachfrage vor allem aus Deutschland stark zurück. Terrariumsbesitzer gaben mit der außergewöhnlichen schwarzen Hautfarbe der Tiere an, die sie, wie mancherorts erzählt wird, verlieren, wenn man sie aus ihrem natürlichen Lebensraum entfernt. Die im Laufe von Jahrhunderten entstandenen, merkwürdigen Endemismen können jetzt aber dank der Tierschutzgesetze vor Ort beobachtet werden.

Am beliebtesten ist in dieser Hinsicht der „Seeweg". Menorca in Etappen auf einem kleinen Boot zu umrunden ist eine traditionelle Gewohnheit der Inselbewohner, die die Touristen enthusiastisch übernommen haben. Zu bestimmten Zeiten im Sommer kommt es zu regelrechten Pilgerzügen, während das Mittelmeer zwischen Sonnenaufgang und Sonnenuntergang damit fortfährt, die Steilküsten und Höhlen zu modellieren, Kiesel und Sand heranzutragen und uns mit seiner dauernden Verwandlungsarbeit zu überraschen.

Rote kühe, schwarze pferde

Wenn Sie auf Menorca jemanden nach Kühen fragen, so wird er Ihnen von der schwarz-weissen friesischen Rasse erzählen, die die salzigen Weiden belebt. Darüber hinaus höchstens vielleicht einmal von ein paar Herden etwas wollhaariger Kühe *(Charolaises)*. Die Versuche, die alte menorkinische, schön gezeichnete, rötliche Rasse zurückzuzüchten, sind kaum jemandem bekannt. Glücklicherweise hat man damit aber Erfolg. Was dagegen geradezu absurd erscheint, wäre, die heimische Pferderasse mit einer anderen Farbe als tiefschwarz in Verbindung bringen zu wollen. Das menorkinische Pferd, der Hauptdarsteller der Inselfeste, hat das Attribut edel eher als jedes andere verdient. Man braucht nur sein Verhalten zu beobachten, wenn es sich aus der Menge heraus auf die Hinterbeine erhebt und doppelt so groß erscheint, als es ohnehin schon ist.

Wer die Gelegenheit hat, diese Aussichten zu genießen, sollte sie sich nicht entgehen lassen. Allerdings gibt es auch andere herrliche Aussichtspunkte, etwa Strände, an denen man sich sonnen und angenehm schwimmen kann. Die Freunde des Tauchsports können zwischen felsigen und sandigen Landschaften wählen, können in die Tiefe hinabtauchen, wo der braune Zackenbarsch und der rote Drachenkopf leben, oder über den Teppich aus Schalentieren und Fischbrut hinweggleiten. Diese Unterwasserwiesen mit ihrer schier unerschöpflichen Sauerstoffproduktion stellen ein weiteres Symbol für den Naturschutz dar. Es ist von großer Wichtigkeit, sie vor ihrer größten Bedrohung, dem Menschen und seinen Fangtechniken, zu schützen.

Wegen des Mißbrauchs oder falschen Gebrauchs dieser Fangtechniken ist die als *vell marí* – „Alter Matrose" – bezeichnete Mönchsrobbe bereits von diesen Küsten verschwunden. Auch die Meeresschildkröte ist vor der Insel kaum mehr anzutreffen. Die Liste der hier lebenden Stachelhäuter, Weichtiere, Schalentiere, Bauch- und Kopffüßer, die man zusammenstellen könnte, ist lang, genauso wie die der Fische verschiedener Familien: Lippfische wie der Meerjunker, Meerbrassen wie die Zahnbrasse, der Goldstriemen und die Oblada, Zackenbarsche... Man darf allerdings nicht vergessen, daß die Fragilität dieses Reichtums so groß ist, daß jedwedes Ungleichgewicht, das wir verursachen, sich auf das gesamte System auswirkt.

EINE INSEL MIT BESONDEREM CHARME

Cala Mitjaneta

Geschichte und Gesellschaft

Schon immer war Menorca den typischen Wechselfällen besetzter Länder ausgesetzt. Zahlreiche Völker und Kulturen haben sich hier als Besatzungsmächte abgelöst, ihre Gebräuche eingeführt und den Inselstatus geändert. Insgesamt können all diese Veränderungen aber wohl als Bereicherung betrachtet werden. Heute, nach vielen Jahrhunderten, existieren zahllose, zum Teil grundverschiedene Einflüsse nebeneinander und bilden ein ausgesprochen attraktives Mosaik.

Bevor die Phönizier der Insel (wegen der Feuer, die sie an ihrer Küste beobachteten) den Namen Nura gaben, trafen sich hier Menschen, die vom Festland kamen, mit solchen aus dem östlichen Mittelmeerraum und begründeten Kulturen, von denen zahlreiche prähistorische Denkmäler zeugen. Deren Erforschung und Restaurierung durch verschiedene archäologische Forschungsgruppen hat dafür gesorgt, daß Menorca heute über eine einmalige Sammlung von Denkmälern verfügt, deren Umfang sich täglich durch neue Ausgrabungen vergrößert. Die Tatsache, daß noch viele vorgeschichtliche Überreste unentdeckt sind, wird durch den kürzliche gemachten Fund von menschlichen Skeletten und Skeletten der bereits ausgestorbenen Ziegenrasse *„Myotragus balearicus"* in einer Höhle auf dem Gemeindegebiet von Ciutadella bewiesen. In derselben Höhle fand man darüber hinaus Gegenstände aus Bronze, Keramik und Holz in einem ausgezeichneten Erhaltungszustand.

Die ersten Einfälle phönizischer und griechischer Seefahrer waren friedlicher Natur und auf die Ausweitung des Handels ausgerichtet. Die Karthager dagegen landeten in anderer Absicht an den Küsten der Insel. Unter dem Befehl Magos, eines Bruders Hannibals, besetzten sie die Häfen und rekrutierten gewaltsam die legendären Steinschleuderer. Ihre Geschicklichkeit sollte die Bewohner der Insel zu jener Zeit zu Hauptfiguren in den Punischen Kriegen machen.

Aus dem Meloussa der Griechen wurde das Minorica der Römer, als Quintus Caecilius Metellus die Insel für das Reich unterwarf. Man schrieb das Jahr 123 v. Chr., und es begann eine neue Etappe, in der zahlreiche befestigte Straßen gebaut, die Siedlungen Iammona (Ciutadella), Mago (Maó) und Sanisera (Sa Nitja) gegründet und die neue Provinz Insulae Balearis eingerichtet wurden. Die Einheimischen schienen mit den neuen Besatzern gut zurechtzukommen; das Gefüge zerbrach erst, als im 5. Jh. die Wandalen in Erscheinung traten. Die neuesten Ausgrabungen, die in der dritten der oben genannten Hafenstädten, Sanisera, durchgeführt werden, bezeugen, daß noch einiges über die Wichtigkeit der römischen Präsenz zu entdecken ist. Die Ausgrabungsarbeiten beinhalten auch Unterwasserforschungen im angrenzenden Meeresabschnitt. Einige der dabei gefundenen Stücke werden bereits im ökologischen Museum von Cap de Cavalleria ausgestellt.

Die Insel war bereits einige Zeit vorher in den christlichen Einflußbereich geraten, wie die berühmte Epistel des Bischofs Severus aus dem Jahre 417 beweist, in der eine Mission von Iammona nach Magona zum Zwecke der Bekehrung der dort ansässigen jüdischen Gemeinschaft beschrieben wird. Als die arianischen Wandalen auf der Insel erschienen, kam es deshalb zu blutigen Pogromen. Ihr Aufenthalt war jedoch nur von kurzer Dauer. Sie wichen der byzantinischen Expansion während einer jahrhundertelangen historischen Epoche, zu der keine gesicherten Überlieferungen erhalten sind.

Diese Zeit offensichtlicher Regierungslosigkeit endete mit der Einführung der aufblühenden arabischen Kultur. Die nunmehr Minurka genannte Insel wurde im Jahre 913 dem Kalifat Córdoba angegliedert. Im Jahre 1015 ging sie in das Teilreich Denia der Almohaden über, die sie in vier Distrikte aufteilten und Bewässerungssysteme und Obstplantagen einrichteten. In dieser Epoche nahm die Bevölkerung zu, und verschiedene Religionen lebten friedlich zusammen.

👁👁 *Kleine Bronzestatue der Gottheit Imhotep, die über heilende Kräfte verfügen sollte. Aus der Ausgrabung von Torre d'en Gaumés. Die Statue stammt wahrscheinlich aus der ausgehenden Talaiotperiode.*

👁👁 *Römische Münze vom Wert eines Silberdinars, auf der die Göttin Roma dargestellt ist. Sie stammt aus dem Jahr 146 v. Chr. und wurde in der Ausgrabungsstätte von Sanisera gefunden. Heute ist sie im ökologischen Museum von Cap de Cavalleria zu sehen.*

👁👁 *Kleiner Stier aus Bronze, gefunden im Umkreis der Taula in Torralba d'en Salord. Möglicherweise handelt es sich um eine Votivfigur aus dem 3. oder 4. Jh. v. Chr.*

➤ *Punische Amphore aus Binicalaf. Typisch für das 2. Jh. v. Chr., da zu dieser Zeit über die Insel Ibiza reger Handelsverkehr mit dem gesamten westlichen Mittelmeerraum stattfand.*

➤ *Vortalaiotischer Begräbnisfund aus der Zeit um 1800 – 2000 v. Chr., Bestandteil der Vives-Escudero-Sammlung.*

➤ *Rekonstruktion einer Keramikurne aus der ausgehenden Talaiotepoche. Die Reste stammen aus der Ausgrabungsstätte von Trepucó.*

Die Eroberung durch die Katalanen

Im 13. Jh. ergab sich durch den Vormarsch der katalanisch-aragonischen Truppen ein radikaler Wechsel der Herrschaftstrukturen im westlichen Mittelmeerraum. Mallorca wurde von den Heeren Jakobs I. erobert, der Menorca im Jahr 1232 als Lehen erhält. Die Insel behielt diesen Status bis ins Jahr 1287, als sie von Alfons III. mit einem aus Sizilianern, Mallorkinern, Katalanen, Aragonesen und Berufssoldaten bestehenden Heer erobert wurde. Die Mauren wurden versklavt oder nach Zahlung eines Lösegelds verbannt. Viele von ihnen erreichten ihre Zielorte allerdings nie, da sie kurz nach dem Auslaufen von der Insel ins Meer gestürzt wurden. Der König verteilte die Ländereien als Kriegsbeute unter den Rittern, die ihn begleitet hatten, was zu einem allmählichen Verfall der sozialen und wirtschaftlichen Strukturen führte, dem man später, als die Insel durch den Vertrag von Anagni bereits unter die Herrschaft des Königreichs Mallorca geraten war, durch die Einführung einer Gemeindestruktur – den *universitas* – entgegenzuwirken versuchte.

Nach einer kurzen Phase der Erholung und des Fortschritts war die Geschichte der Insel bis zum Ende des Mittelalters durch Knappheit, Seuchen, Plünderungen, Auseinandersetzungen zwischen der Landbevölkerung und dem regierenden Adel, Obskurantismus und Dekadenz geprägt. Und im 16. Jh. erwartete sie, was unmöglich erscheinen mag, sogar noch eine weitere Verschlimmerung unter der nachlässigen Herrschaft von Monarchen wie Karl I. und Philipp II., die von blutigen Geschehen gekennzeichnet war. 1535 trifft in Maó eine große Schwadron unter der Führung des grausamen Barbarossa, Admiral Süleimans II., ein. Jeder Widerstand ist zwecklos. Die Stadt wird geplündert und gebrandschatzt, ihre Bewohner gefangengenommen. Nur ein Vierteljahrhundert später, im Jahre 1558, wiederholt der Türke Mustafa Piali diese „Heldentat" in Ciutadella, um die Plünderung und die Gemetzel noch zu vervollkommnen. Zudem verliert die Inselhauptstadt wichtige historische Dokumente und Gegenstände.

Als unheilvoll kann auch das 17. Jh. bezeichnet werden, während dessen die Insel von Piraten bedroht wird und neue Seuchen die Bevölkerung dezimieren. Nur für den Adel, der seine Privilegien ausbaut, und den Klerus, der die Umstände zur Ausweitung seines Einflusses nutzt, bringt die Epoche Vorteile mit sich. Die Nationalitätenwechsel des 18. Jh. bedeuten daher eine grundlegende Verbesserung der Lage. Das Jahrhundert beginnt mit Auseinandersetzungen zwischen den Anhängern des Erzherzogs von Österreich, der Anspruch auf den spanischen Thron erhebt, und den Anhängern Philipps, die die Bourbonen unterstützen. Der Erbfolgekrieg nimmt auf Menorca die Form eines regelrechten Miniaturbürgerkriegs an.

Die Unterstützung französischer Truppen für die Bourbonen führt zur Landung britisch-holländischer Kräfte, die die Insel fast ohne Widerstand besetzen und lediglich abzuwarten brauchen, bis im Utrechter Friedensvertrag von 1712 der erste Souveränitätsübergang besiegelt wird.

Briten und Franzosen

Die britische Besetzung von 1708 bis 1756 ist von einigen Historikern als „goldenes Zeitalter" der Menorkiner bezeichnet worden. Der Mißbrauch, den einige Gouverneure von ihrer Macht machten, wurde von London aus zügig korrigiert, und über den ersten, Richard Kane, ist ohnehin nur Positives überliefert. Er führte den Anbau von Futterpflanzen auf der Insel ein, befahl den Bau der ersten Hauptstraße der Insel, die noch heute seinen Namen trägt, beendete die Inquisition, ermöglichte die Einrichtung zahlreicher Schulen und sorgte darüber hinaus für viele weitere Verbesserungen. Lediglich die Bewohner von Ciutadella, die ihren Status als Hauptstadt an Maó einbüßte, die ihrerseits einen deutlichen Aufschwung der Handelsaktivitäten erlebte, könnten sich durch die Entwicklung, die während Kanes Amtszeit stattfand, benachteiligt fühlen. Die Zeit der britischen Herrschaft endete mit der Landung von 20 000 Soldaten unter dem Oberbefehl des Herzogs von Richelieu, vor denen den Briten keine andere Möglichkeit blieb, als sich kampflos zurückzuziehen. Sieben Jahre lang, bis 1763, gab es eine friedliche Koexistenz der neuen Besatzer und der Inselbewohner. Unter dem französischen Gouverneur, dem Grafen von Lannion, erlangte das katholische Ciutadella eine gewisse Bedeutung zurück, und die Ortschaft Sant Lluís wurde zu Ehren des französischen Königs gegründet. Als aus Paris der Befehl kommt, die Insel den vormaligen Besitzern zurückzugeben, nehmen die Besatzer tatsächlich nicht viel mehr als das Rezept für die *Mayonnaise* mit.

Als die Briten zurückkehren, ist vom guten Willen, der sie auszeichnete, nichts mehr zu spüren. Das Elend und der Hunger zwingen einen Teil der menorkinischen Bevölkerung, nach Florida auszuwandern oder ihr Heil in der Freibeuterei zu suchen. Die einzigen öffentlichen „Baumaßnahmen" bestehen in der Zerstörung der Vorstadt von Sant Felip und der Umsiedlung ihrer Bewohner ins neue Georgetown, das heutige Es Castell. Nach neunzehn Jahren schlechter Regierung und Ungerechtigkeit, 1763 bis 1782, stehen die meisten Menorkiner der Rückeroberung durch eine französisch-spanische Flotte unter der Führung des Herzogs von Crillon nicht mehr ablehnend gegenüber. Die spanische Souveränität wird wiederhergestellt, und

GESCHICHTE UND GESELLSCHAFT

◐◐ *Diese gotische Inschrift erinnert an die Eroberung der Insel durch Alfons III. und befindet sich gegenwärtig im Museum von Menorca. Sie stammt aus der Brücke Pont de na Gentil in Maó.*

◐ *Diese drei Ölgemälde auf Leinwand werden aufgrund von stilistischen und thematischen Ähnlichkeiten dem Landschaftsmaler Joan Font i Vidal (1811 – 1855) zugeschrieben. Nur das Gemälde in der Mitte mit der Datumsinschrift „10. Oktober 1850) ist jedoch von ihm signiert.*

eine der ersten Maßnahmen, die ergriffen wird, ist die Sprengung der legendären Burg von Sant Felip.

Noch einmal, von 1798 bis 1802, würden die Briten die Insel besetzen; allerdings ergab sich mit der Jahrhundertwende eine wesentliche Veränderung des Ganges, den die Geschichte nehmen sollte. Trotz der guten Arbeit des Grafen von Cifuentes als Stellvertreter Karls III. bedeutete die Einrichtung der spanischen Verwaltung die Ankunft des Absolutismus und damit den Verlust von Freiheiten. Die herrschende Dekadenz wirkt sich während der Herrschaftszeit Karls IV. und Ferdinands VII. bereits auf sämtliche Stände aus. Einmal mehr führt die Armut zu einer Emigrationsbewegung, dieses mal nach Algier und anderen nordafrikanischen Städten, und erst gegen Mitte des 19. Jh. sollte die Industrialisierung eine relative Erholung ermöglichen.

Die neuere Geschichte

Die Einführung neuer Produktionsmethoden führte zur Gründung einer Arbeiterbewegung, die den Keim zahlreicher Veränderungen in der Gesellschaftsstruktur darstellte. Als Beispiel können etwa die Ausrufung eines Generalstreiks gegen den Krieg in Marokko oder die Gründung einer Gewerkschaft der Arbeiter der Schuhindustrie auf Betreiben des Anarchisten Joan Mir i Mir gelten. In politischer Hinsicht führte das Scheitern der Ersten Republik und die Rückkehr zur Monarchie zur Erholung der alten Herrschaftsschichten, während der grundbesitzende Adel die bourbonische Restauration unterstützte. Die Wahlen zu den Cortes – der spanischen Ständeversammlung – im Jahre 1879 wurden auf den Balearen von den Konservativen gewonnen, deren Vertreter auf Menorca der Herzog von Almenara Alta war.

Mit dem Antritt der Thronfolge durch Alfons XIII. im Jahre 1902 begann die spanische Restaurationspolitik zu kriseln; die Reformversuche von Liberalen und Konservativen scheiterten. Nur letztere hatten im monarchistischen Lager ein gewisses Gewicht. Andererseits war die republikanische Partei sehr erstarkt, die während mehrerer Legislaturperioden den Parlamentssitz einnahm, der der Insel zustand. Ein Beweis für den wirklich demokratischen Charakter, der zu jener Zeit bereits in der Region vorherrschte, besteht darin, daß die Kandidaturen der Ortsgewaltigen, unter der Führung von Juan March auf Mallorca und Pere Matutes auf Ibiza, keine Unterstützung bekamen. Die Phase des Rückschritts während der Diktatur Primo de Riveras verstärkte diese Tendenz nur noch: Die Gemeinderatswahlen von 1931, nach denen die Zweite Republik ausgerufen wurde, wurden auf Menorca (und auf Formentera) von der Front Únic Antimonárquic – der Antimonarchistischen Einheitsfront – gewonnen, die aus Sozialisten und Republikanern bestand.

Der spanische Bürgerkrieg hatte auf Menorca traumatische Konsequenzen. Die Militärkommandantur erklärte in Übereinstimmung mit den Befehlen der Aufständischen den Kriegszustand, aber bereits einen Tag später, am 20. Juli 1936, wurde sie von Volkstruppen und Unteroffizieren unter dem bedauerlichen Verlust vieler Menschenleben niedergeschlagen. Die Insel sollte der Republik bis zum Februar 1939 treu bleiben, und die Repressalien nach dem Ende des Krieges übertrafen bei weitem das Ausmaß der beschriebenen Geschehnisse.

Die weithin bekannte Bilanz der vierzig Jahre andauernden Franco-Diktatur soll an dieser Stelle nicht noch einmal gezogen werden. Durch das Einparteiensystem und die Bürokratisierung der Verwaltung wurde das Desinteresse der Bevölkerung an der Politik zum Normalzustand. Bis zum Ende der fünfziger Jahre waren keine Anzeichen für eine Veränderung der gesellschaftlichen und wirtschaftlichen Strukturen auszumachen. Erst in den Sechzigern beginnt – gleichzeitig mit der Konsolidierung eines gewissen Wohlstands – im Untergrund eine demokratische Bewegung zu entstehen.

↑ *Gemälde eines unbekannten Künstlers aus dem Jahr 1835, auf dem alle Tätigkeiten, die zu dieser Zeit im Hafen von Maó herrschten, detailgetreu wiedergegeben werden. Auf dem Gemälde sind die verschiedenen Stände vertreten, wie Händler, Klerus usw., sowie auch die damaligen Handwerker und Berufsgruppen: Schiffszimmerleute, Bauern, Fischer, Hafenarbeiter, Fuhrleute, Gin-Destillierer usw.*

← *Ölgemälde auf Leinwand mit der Signatur B. Pax 1859, das die im Jahr 1856 in Cala Figuera eröffnete Fabrik „La Industrial Mahonesa" darstellt.*

Allerdings mußte man bis zum Tode des Diktators im November 1975 und den Reformen, die zur Durchführung der ersten demokratischen Wahlen seit der Zweiten Republik im Juni 1977 führten, warten. Im Dezember 1978 wurde schließlich mit der Unterstützung der Mehrheit der politischen Parteien von König Juan Carlos I. die neue Verfassung verkündet.

Am 17. Februar 1982 stimmte das Abgeordnetenhaus der Bearbeitung des Autonomiestatuts der Balearen zu, der die Inselräte (**Consells Insulars**) der einzelnen Inseln als Regierungsorgane festschreibt, aus denen dann der Interinsuläre Generalrat der Balearen (**Consell General Interinsular de les Balears**) gebildet wird.

Wirtschaft

Die Einrichtung der ersten Schuhfabriken in Ciutadella um 1850 kennzeichnet zweifellos den Beginn der modernen Wirtschaft auf Menorca. Mit dem Wandel der Arbeitsbedingungen, in dessen Rahmen jetzt auch die Maschinen Bedeutung erlangten, begann eine vorkapitalistische Phase, die die Öffnung der Insel hin zu auswärtigen Märkten mit sich brachte. Der Handel mit dem Kontinent und den Kolonien bedeutete einen merklichen Fortschritt und führte zum Entstehen neuer Aktivitäten.

Industriebetriebe wurden eingerichtet und Banken gegründet. 1856 öffnete in Cala Figuera, im Hafengebiet Maós, die „Industrial Mahonesa" ihre Tore, die sich der Herstellung von Baumwollstoffen und -garnen widmete und die erste unter den menorkinischen Textilindustrien war. Die Entwicklung dauerte bis 1898 an. In diesem Jahr begann mit dem Verlust der Kolonie Kuba eine lange Krise; für den Schuhsektor begannen schwierige Jahre, und die Situation besserte sich bis zum Ersten Weltkrieg nicht. Dagegen gab es im Jahre 1911 3000 Beschäftigte in der Herstellung von Geldbörsen aus Silber. Dieser Industriezweig, dessen Anfänge auf den Beginn des 20. Jh. zurückgingen, war bis 1925 von großer Bedeutung und bildete den Grundstein für die bis heute bestehende menorkinische Modeschmuckindustrie.

Der extensive Anbau von Klee, der hier – abgeleitet vom englischen Wort *clover* – *enclova* heißt, trug dazu bei, daß sich die Viehzucht ab 1870 zum wichtigsten Zweig der Landwirtschaft entwickelte und sowohl die Fleisch- als auch die auf die Käseherstellung ausgerichtete Milchproduktion stark zunahmen.

Der Tourismus als Wirtschaftszweig erlangte auf Menorca ab Ende der fünfziger, Anfang der sechziger Jahre Bedeutung, obwohl seine Entwicklung einen wesentlich langsameren Verlauf nahm als etwa auf Mallorca oder Ibiza. Das

Schuhe... und „Avarques"

Im Jahre 1782, als Spanien die Souveränität über Menorca zurückerlangte, wurde festgestellt, daß sich 281 Bewohner der Schuhfabrikation widmeten. Die Kundschaft bestand aus Angehörigen der Oberschicht und Offizieren, und bereits zu jener Zeit begann man mit dem Export. Seitdem hat die Branche Zeiten großen Aufschwung und harte Rückschläge erlebt, wie etwa durch den Verlust der Kolonie Kuba und des dortigen Marktes. Was sie allerdings nie eingebüßt hat, ist ihr hohes, den meist aus Ciutadella oder Alaior stammenden Handwerkern zu verdankendes Prestige.

Sollen die Fabriken einerseits durch Spitzendesigns gerettet werden (die Konkurrenz der sogenannten „Billigmärkte" macht der Branche schwer zu schaffen), so überrascht andererseits die Tatsache, daß das einfachste und volkstümlichste Schuhwerk, die Avarques, ungewöhnlich erfolgreich sind. Zwei Stück Rindsleder auf einem Stück Autoreifen garantieren dem Träger eine tausende Kilometer währende Haltbarkeit bei gut belüfteten Füßen. Die Avarques sind so typisch für den menorkinischen Sommer geworden, daß sie sogar schon in Keramik erhältlich sind.

lag daran, daß er lediglich als zusätzlicher Industriezweig zu den bereits existierenden betrachtet wurde. Aber auch so entwickelte sich die Branche so schnell, daß um 1975 die folgende Dreiteilung der Einnahmequellen als ideal für die Inselwirtschaft betrachtet wurde: ein Drittel Tourismus, ein Drittel Land- und Viehwirtschaft und ein Drittel Industrie (hauptsächlich Modeschmuck und Schuhe).

Dieses Gleichgewicht zerbrach infolge der gefährlichen Überhandnahme des ersten Sektors, des Eintritts Spaniens in die Europäische Gemeinschaft und der starken Konkurrenz der südostasiatischen Produkte auf dem Weltmarkt. Als wichtigster Faktor kann aber wohl die Verteuerung der zu importierenden Rohstoffe gelten. Die Mehrkosten wegen der Insellage scheinen nicht ausgeglichen werden zu können, was für Menorca eine große Herausforderung auf der Schwelle zum nächsten Jahrtausend bedeutet.

Steinerne Zeugen
der Vorgeschichte

Der „Route" dieser steinernen Überreste zu folgen ist für den interessierten Besucher ein besonderes Vergnügen. Man benötigt jedoch viel Zeit für die ausführliche Besichtigung derartig vieler Ausgrabungsstätten. Als einfachere Variante schlagen wir die „Südostroute" auf Seite 116 vor. Die Empfehlungen am Schluß des Ausflugsvorschlags „Die Umgebung von Ciutadella" auf S. 114 können im Anschluß daran befolgt werden. Selbst wenn Ihnen dies nicht möglich ist, sollten Sie auf keinen Fall versäumen, andere, auf Ihrem Weg liegende Talaiots bzw. Taulas zu besichtigen.

Die Experten datieren die ältesten Funde auf die Zeit um 2000 v. Chr. (Megalithgrabmäler, Hypogäen mit länglichem Grundriß, als Behausung genutzte navetas), die wichtigste Gruppe stammt allerdings aus der sogenannten Talaiot-Periode. Diese Periode, die sich von 1400 v. Chr. bis zur Ankunft der Römer erstreckt, zeichnet sich durch vielfältige externe Einflüsse und eine Umorientierung hinsichtlich der Bauweisen aus. An vielen Fundorten sind verschiedene Entwicklungsstufen zu beobachten, die bis hin zu einer letzten, punisch beeinflußten Phase führen, die mit der Gründung von Magón (Maó) und Jamma (Ciutadella) zusammenfällt. Die spätere Präsenz der Römer bedeutete allerdings nicht das Ende der primitiven Siedlungen, die vielmehr noch für lange Zeit von der Landbevölkerung bewohnt wurden.

Die Ortschaft Talatí de Dalt

Die archäologischen Reste aus der langen Talaiot-Periode sind recht einfach zu identifizieren und lassen sich in folgende Gruppen einteilen: Grabhöhlen und *navetes*, *talaiots*, ummauerte Anlagen und *taules*.

Andere Denkmäler, die die Zeit bis in unsere Tage überdauert haben, sind die frühchristlichen Basiliken aus der nordafrikanisch beeinflußten und der darauf folgenden byzantinischen Epoche (Wandalenreich von Karthago bzw. Oströmisches Reich). Aus der ersten dieser Epochen (5. Jh.) stammt die Basilika **Son Bou** mit ihrer meisterhaften Linienführung und ihrem kreuzförmigen Taufbecken. Aus dem 6. Jh. stammt die Kirche von **Es Fornàs** mit ihrem halbrunden Taufbecken und herrlichen Bodenmosaiken (herausragend eine Pfauen- und eine Löwenfigur) und die Kirche von **Illa del Rei**, deren ähnliche Mosaike (in denen auch Meerestiere abgebildet sind) in das **Museum von Menorca** gebracht wurden. Schließlich sind auch die Basiliken auf dem **Cap des Port de Fornells** mit ihrem sternförmigen Taufbecken und auf der **Illa d'en Colom**, die zur Zeit ausgegraben und erforscht wird, noch eine Erwähnung wert.

Cales Coves

Naveta d'es Tudons

Grabhöhlen

Die interessanteste Anlagen finden sich in **Cales Coves,** einer an der Südküste, nur wenige Kilometer von Sant Climent entfernt gelegenen Enklave, in deren hohen, steilen Felswänden sich etwa einhundert Aushöhlungen befinden, die insgesamt einen beeindruckenden Anblick bieten. Darüber hinaus sind diese Höhlen in **Caparrot de Forma** (bei Es Canutells), in **Son Bou** (wo sich über der Wand eine riesenhafte Mauer befindet) und – an der Nordküste – in **Cala Morell** bei Ciutadella zu finden. All diese Nekropolis stammen aus dem 9. und 8. Jh. v. Chr., obwohl sie anscheinend bis weit in die Zeit der römischen Kolonisierung hinein Verwendung fanden.

Navetes

Die navetes (Schiffchen) verdanken ihren Namen ihrer Form, die an umgekehrte Schiffsrümpfe erinnert. Die ältesten, bereits in vortalaiotischer Zeit entstanden, haben einen ovalen oder runden Grundriß. Später dann nahmen sie immer länglichere Formen an, wie man an der berühmtesten – **Es Tudons** – erkennen kann, die um 1400 v. Chr. entstand. Die als Grabmäler dienenden Konstruktionen bestehen aus einer einzigen oder zwei übereinander ange-

Talaiot de Torello

ordneten Kammern, und als Eingang diente eine winzige Tür, hinter der sich zunächst ein Vorraum oder ein Flur befand. Andere Beispiele für diese vermutlich ältesten noch erhaltenen Grabbauten in ganz Europa liegen in **Biniac, Llumena, Binimaimut, Rafal Rubí** und **Son Morell**.

Talaiots

Von den meisten, auf kleinen Erdhügeln errichteten *talaiots* aus lassen sich in der Ferne weitere erkennen. Das gab Anlaß zur Annahme, daß sie als Wachtürme – *atalayas* – dienten, was auch die Herkunft ihres volkstümlichen Namens erklärt. In ihrer kegelstumpfförmigen Konstruktion verbirgt sich jedoch eine kleine Kammer, die – wie auch die menschlichen Überreste, die in einigen von ihnen entdeckt wurden – auf eine mögliche Grabmalsfunktion hinweist. Das massive Aussehen entsteht durch die großen Blöcke, die in Kreisformationen aufgereiht sind, die zur Spitze hin immer enger werden. Darunter formen kleinere Steine die scheinbare Kuppel. Unter den herausragenden Exemplaren befinden sich der aus trapezförmigen, flachen Steinen bestehende talaiot von **Talatí**; der von **Trepucó**, der größte von allen; die von **Torelló** und **Curnia** (alle bisher genannten befinden sich in der Nähe von Maó) und der von **Torre Llafuda** (bei Ciutadella).

Taules

Die taules stellen die außergewöhnlichsten Zeugnisse der talaiotischen Kultur dar. Sie bestehen aus je zwei großen behauenen Steinblöcken, und ihr Name (taula ist das katalanische Wort für „Tisch") erklärt sich durch die seltsame Anordnung in T-Form. Ein weiteres herausragendes Merkmal ist ihre Größe; die zwei Meter tief in den Boden eingelassene taula von **Torralba d'en Salord** wird auf etwa 25 Tonnen Gewicht geschätzt.

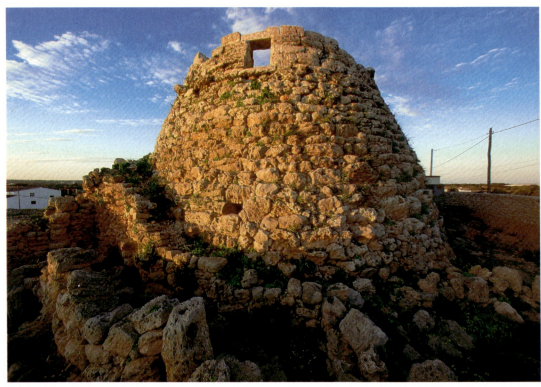

Die taulas stehen in der Mitte hufeisenförmiger Anlagen, in denen sich zudem Nischen befinden, die der Darbringung von Opfern an die Götter dienten. Die Anordnung dieser Anlagen in den Siedlungen bieten einen weiteren Hinweis darauf, daß es sich um heilige Orte handelte. Die taulas selbst werden mitunter als stilisierte Bilder des stierköpfigen Fruchtbarkeitsgottes ausgelegt. Die bekanntesten davon befinden sich in **Trepucó**, **Torre Trencada** und **Talatí de Dalt** (beide mit Stützpfeiler), **Torre Llafuda**, **Torre Llisá Vell** (in einer sehr geschlossenen Anlage), **Torre d'en Gaumes** und **Binimaimud**.

Steinerne Zeugen der Vorgeschichte

Taula de Talati

Ländliche
Architektur

Die ländliche Architektur ist auf Menorca so weit in die Landschaft integriert, daß sie über den Nutzwert hinaus ein gestalterisches Element darstellt. Sie ist wirklich einzigartig und weist bemerkenswerte Unterschiede zur Architektur auf, die auf Mallorca, Ibiza oder in anderen Gegenden des Mittelmeerraums anzutreffen ist.

Unter den vielen Eindrücken, die dem Besucher im Gedächtnis bleiben, fehlt nie der der weißgetünchten Bauernhäuser, die über das Land verstreut oder in kleinen Gruppen in der Nähe der Ortschaften liegen. Vor einem halben Jahrhundert begründete der katalanische Schriftsteller Josep Pla dieses Klischee, indem er darauf hinwies, daß *„die Menorkiner ihre Häuser gern frenetisch tünchen"*. Es handelt sich dabei um eine Arbeit, die in der Regel den Frauen überlassen ist und die der Sauberkeit und dem Schutz der Wände dient. Würden sie nämlich nicht getüncht, dann würden Sonne, Licht und Wind den Sandstein, aus dem sie gebaut sind, allmählich zerfressen. Dieser Stein – der *marès* – war neben dem Holz der Wildolive traditionell das einzige Baumaterial, das zur Verfügung stand. Er ist einfach zurechtzuhauen und konnte in unmittelbarer Nähe des zukünftigen Hauses oder in einem der nahegelegenen Steinbrüche abgebaut werden. Noch heute sind einige dieser Steinbrüche in Betrieb, und ihr Besuch ist ausgesprochen interessant.

Die Nutzung dieser einzigen zur Verfügung stehenden Baustoffe wird durch architektonische Formen ergänzt, die zum Schutz vor den klimatischen Einflüssen beitragen. Die Fassaden weisen nach Süden, während die Nordwände wegen des kalten Tramuntana-Windes weitmöglichst dichtgehalten werden. Die Sonne gelangt nur im Winter unter die Vorhallenüberdachung, und der wertvolle Regen wird dank merkwürdig anmutender

Ländliche Architektur

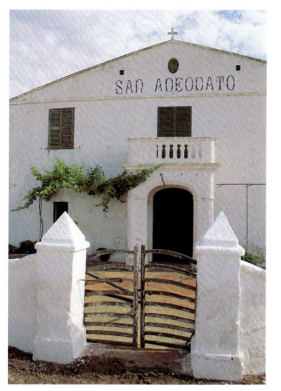

Verschiedene Einzelheiten der volkstümlichen Architektur

Sammelsysteme genutzt, die das Wasser von den im arabischen Stil gedeckten Dächern in Zisternen leiten. All dies macht das menorkinische Landhaus zu einem klaren Beispiel für eine an ihre Umgebung angepaßte Architektur.

Ein weiteres Merkmal der menorkinischen Landschaft sind die unendlichen Steinmauern, die ein riesiges Rechteckmuster bilden, das den überrascht, der es aus der Luft betrachtet. Die *llocs*, wie die landwirtschaftlichen Nutzflächen traditionell heißen, werden durch diese Mauern in *tanques* unterteilt, geschlossene Flurstücke, die eine sinnvolle Wechselwirtschaft ermöglichen. Zudem dienen sie dem Landwirt dazu, hier Felsbrocken und Steine abzulegen, die er aus dem nicht sehr reichlich vorhandenen Erdboden holt, um diesen so vor der Erosion zu schützen. Regelrechte Kunsthandwerker, die *paredadors*, errichten die Mauern immer noch nach einer althergebrachten Technik, bei der eine doppelte Wand mit kleinen Steinen angefüllt wird. Um sie passierbar zu machen, werden von Zeit zu Zeit zu beiden Seiten ein paar Steine – die sogenannten *botadors* – als Stufen niedergelegt. Schließlich wird das Werk mit den einfachen, aber widerstandsfähigen *barreres* aus Holz fertiggestellt, die die Zugänge markieren... und das Verschließen sollte nicht vergessen werden, damit das Vieh keine Ausflüge macht.

„Marès" ist eine Sandsteinart, die zu früheren Zeiten auf der Insel der einzige Baustein war

Ländliche Architektur

Steinbrüche

Menorca... Steine, diese Gedankenfolge ist fast unvermeidlich. Steine in ihrer ursprünglichen Beschaffenheit oder im bearbeiteten Zustand binden die Landschaft und geben ihr Halt, wo man auch hinsieht. Als man dazu überging, sie in ihrer rohesten Erscheinungsform als Baustoff zu verwenden, entnahm man sie direkt dem jeweiligen Grundstück, auf dem gebaut werden sollte. Später war die Nachfrage so groß, daß Steinbrüche eingerichtet wurden, in denen Tausende von Tonnen dem jeweiligen Zweck entsprechend regelmäßig zugeschnittener Steinblöcke abgebaut wurden. Die Zeiten haben sich jedoch geändert, und die Verwendung neuerer Baustoffe hat die Schließung der meisten Steinbrüche zur Folge gehabt.

Müssen sie aber jetzt, da sie nicht mehr genutzt werden, einfache Narben in der Landschaft bleiben? Tatsächlich stellen die Steinbrüche ein Denkmal für einen aussterbenden Beruf und für das Streben des Menschen dar, die Möglichkeiten der Umgebung, in der er lebt, zu nutzen. So sind sie eine Merkwürdigkeit, die den auf Besonderheiten neugierigen Besucher interessieren wird, und werden – entsprechend dem Vorschlag eines Vereins namens „Lithica", der zum Schutz der stillgelegten Steinbrüche gegründet wurde – möglicherweise bald zu spektakulären Bühnen für künstlerische Aufführungen.

Die Feste

Überschwengliche Fröhlichkeit, Trubel, Hingabe und Begeisterung, die auch den Mißmutigsten ansteckt... die menorkinischen Feste muß man erlebt haben, um es zu glauben. Mediterrane Feste, überschäumende Energie, und Pferde, die beeindruckenden Pferde Menorcas, als einzige Hauptdarsteller. Während des ganzen Sommers finden sie nacheinander in den verschiedenen Ortschaften der Insel statt, bis Maó am 7. und 8. September den Reigen beschließt.

Das größte Fest, das den Ton angibt und die Saison eröffnet, ist jedoch das zu Sankt Johannes (Sant Joan) stattfindende Fest in Ciutadella. Es beginnt am Sonntag vor dem 24. Juni – dem *diumenge d' es Be* –, an dem ein besonders schönes Lamm durch die Straßen der Stadt geführt wird, und hat seinen Höhepunkt am Vorabend Sant Joans sowie am eigentlichen Feiertag. Das Fest wird nach strikten, aus dem Mittelalter überlieferten Regeln abgehalten, deren Einhaltung von der sogenannten *Junta de Caixers* überwacht wird. Darin sind die verschiedenen historischen Stände – die Bauernschaft, der Adel und der Klerus – vertreten. Diese Bruderschaften, die für die Wallfahrtskapelle Sant Joan verantwortlich waren, bilden einen Zug, angeführt vom *fabioler*, der vom Rücken eines Esels aus mit dem Klang seiner Rohrpfeife den Rhythmus angibt. Sobald der Reiterzug in Es Born eintrifft, wird galoppiert. *Caragols, corregudes*... eine regelrechte, auf Gebrüll und Ausgelassenheit ausgerichtete Zeremonie. Man muß laufen, Gin trinken, sich dem Pferd nähern, wenn sich das Tier zur typischen Musik des *jaleo* aufbäumt. Die Kleidung, das Banner mit dem Malteserkreuz und die Gangarten – *ensortillades, ses carotes, correr abraçats*... –, die die Reiter aus Es Pla vorführen, weisen auf den altertümlichen Ursprung des Festes hin, das für das Volk aber trotzdem gegenwärtig ist: Einmal muß man sich jeden Sommer in der vorüberziehenden Flamme verfeuern.

⇉ *Das Fest zu Sant Joan in Ciutadella. Unten eine Folkloregruppe und andere Einzelheiten des Fests.*

⇓ *Alte Kupferstiche, auf denen zwei der Symbole des traditionellen Fests zu Sant Joan dargestellt sind.*

ES CAIXER FADRI

S'HOMO DES BE

DIE FESTE

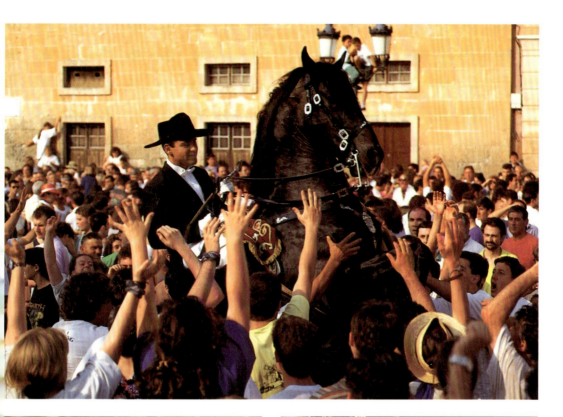

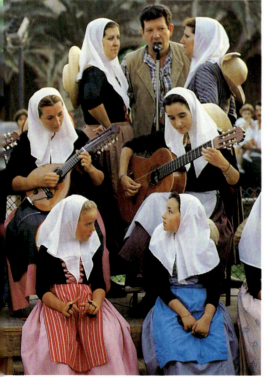

Von Osten nach Westen

Maó

Maó erlangt allmählich das helle Siena seiner Fassaden zurück. Hinter den Fallfenstern, den klassischen *uindou* (vom englischen *window*) im englischen Stil, hängen Häkelvorhänge. Hat man die Gelegenheit, einen Spaziergang zu machen, solange die Autos noch nicht unterwegs sind, wenn die Sonne noch kaum die Winkel erhellt, so meint man, die besten Tage der Stadt seien wiedergekehrt: jene Tage des 18. Jh., als der Wohlstand seinen Einzug hielt und Maó von einer liberalen und aufgeklärten Bevölkerung bewohnt wurde.

Von den Aussichtsplätzen der alten, an der Steilküste gelegenen Stadt läßt sich der Hafen übersehen. Besonders die Herrenhäuser der Straße Carrer Isabel II, unter denen sich auch das der Militärverwaltung befindet, kommen in den Genuß des Panoramas. Die Qualität dieser Villen, die normalerweise über große Säle verfügen, wurde an der Breite ihrer Fassaden gemessen, die ein bestimmtes Standardmaß für Balken, den etwa 5 Metern entsprechenden *trast*, übertraf. An einem Ende der Straße befindet sich das **Kloster Sant Francesc** (1719), das älteste Maós. In seinem erst kürzlich restaurierten barocken Kreuzgang ist die archäologische Sammlung des Heimatmuseums **„Museu de Menorca"** ausgestellt. Dieser schöne Rahmen wird sicherlich der Bedeutung der Fundstücke gerecht. Am anderen Ende der Straße liegt der Platz Pla de sa Parroquia oder Platz de Santa Maria. Hier befindet sich die gleichnamige Kirche, das **Rathaus** mit seiner klassizistischen Fassade, wo sich die vom Gouverneur Kane gestiftete Uhr befindet, sowie ein als **„Principal de Guàrdia"** bezeichnetes Gebäude, das – dem englischen Geschmack entsprechend – rot angestrichen ist. Im Rathaus befindet sich eine Sammlung historischer Bildnisse, unter denen das des Grafen Lannion von Giuseppe Chiesa und das des Grafen Cifuentes, ein Werk Pascual Calbós, herausragen.

Die **Kirche Santa Maria** beherbergt einen der großen Schätze dieser Stadt: eine monumentale Orgel mit 3210 Pfeifen und vier Klaviaturen, die von den deutschen Orgelbaumeistern Otter und Kirburz entworfen wurde. Die Schönheit ihrer Register bezaubert alle, die hier den Konzerten weltweit anerkannter Interpreten lauschen, für die es ein Privileg ist, auf dieser Orgel spielen zu dürfen. Hin-

Ansicht des HafensAnsicht des Hafens

VON OSTEN NACH WESTEN

Marktplatz im Claustro del Carmen

ter der von Alfons III. in Auftrag gegebenen Kirche beherrscht ein Standbild eben dieses Königs den Platz de la Conquesta. Hier befindet sich auch der Palast Can Mercadal, der die Stadtbibliothek beherbergt, und wenn man um eine seiner Ecken herumläuft, gelangt man zu einem Aussichtspunkt, von dem aus man den Küstenabschnitt der **Costa de Ses Voltes** überblickt. Diese parkartige Promenade mit ihren zum Hafen hinabführenden Treppen ist das Schlüsselbild der Stadt für jeden, der mit dem Schiff hier ankommt. Zu ihren Füßen befindet sich **Baixamar**, ein Stadtviertel, das heute von Restaurants und Edelkneipen beherrscht wird, in denen das Nachtleben stattfindet.

Die rege Handelstätigkeit, die den Hafen einst charakterisierte, läßt sich immer noch an den Lagerhäusern der Mole erkennen, die teilweise von riesigen, aus alten Schiffen ausgeschlachteten Balken getragen werden. Außer zur Lagerung der gelöschten oder herausgehenden Waren dienten sie als Werkstätte der *mestres d' aixa*, wo solide Boote entstanden. Ihren Ruhm haben sie inzwischen aber an die klassischen *llauts* abgetreten, die immer noch als Auftragsarbeiten gebaut werden. Diese Boote werden heutzutage nicht mehr ausschließlich für den Fischfang genutzt, sie sind auch zum bevorzugten Verkehrsmittel für alle geworden, für die die Umrundung der Insel Pflichtteil

ihrer Ferien im August ist. Überhaupt wandelt sich der Anblick des Hafens mit den Freizeitgebräuchen. Kaum noch jemand erinnert sich an den Anblick der großen Frachtschiffe, deren Getreidefracht in den Mühlen der Insel gemahlen wurde, bevor sie zum Festland weiterfuhren. (Dieser Brauch und die davon abhängige Industrie wurden per Dekret zugunsten Kastiliens eingestellt.) Jetzt sind es moderne Jachten, die gegenüber dem **„Club Marítim"** anlegen, und neue Liegeplätze und Überwinterungseinrichtungen sind geplant. Dieselbe Promenade, deren oberer Teil die Hafenfassade verändert hat, hat hier keinen anderen Zweck als den des Schaufensters einer durchaus attraktiven Landschaft.

Der Käse von Maó

MENORCAS KÄSE KOMMT AUS *MAÓ*, WEIL ER VON JEHER ÜBER DEN HAFEN DER HAUPTSTADT VERMARKTET WURDE, OBWOHL ER AUF DER GANZEN INSEL HERGESTELLT WIRD. SO STEHT ES IN DER URKUNDE ZUR GESCHÜTZTEN URSPRUNGSBEZEICHNUNG VON 1985. SEIT DEN SECHZIGER JAHREN WIRD DIE JAHRESPRODUKTION IN MILLIONEN KILOS GEZÄHLT. UND VON SEINER QUALITÄT WIRD BEREITS IN MITTELALTERLICHEN SCHRIFTEN BERICHTET, IN DENEN AUCH ERWÄHNT WIRD, DASS DIE KATALANISCHEN MONARCHEN NICHT AUF IHN VERZICHTEN MOCHTEN.

ES HANDELT SICH UM EINEN HALBFETTKÄSE, DER – WENN AUCH BIS ZU 5% SCHAFSMILCH ZUGELASSEN SIND – GRUNDSÄTZLICH AUS VOLLMILCH VON DER KUH UND OHNE KONSERVIERUNGSMITTEL HERGESTELLT WIRD. DIE QUADRATISCHEN KÄSEBLÖCKE MIT IHREN ABGERUNDETEN KANTEN WEISEN EIN TYPISCHES MUSTER AUF, WENN SIE DER TRADITION ENTSPRECHEND GEFORMT WERDEN. ES STAMMT VON DEM TUCH, IN DAS DIE GERONNENE MILCH EINGESCHLAGEN UND EINGEBUNDEN WIRD. IST DAS BÜNDEL GESCHNÜRT UND DIE MOLKE VON HAND AUSGEPRESST, DANN WIRD ES EINEN TAG LANG MIT GEWICHTEN BESCHWERT AUFGEHÄNGT. DANACH KOMMT DER KÄSE EINIGE TAGE LANG IN SALZWASSER UND ANSCHLIESSEND IN DIE TROCKENREGALE. JE NACH REIFEGRAD ERHÄLT MAN UNTERSCHIEDLICH WÜRZIGEN KÄSE, DER JEDOCH IMMER HERVORRAGEND SCHMECKT UND AUCH VON ANSPRUCHSVOLLSTEN FEINSCHMECKERN GESCHÄTZT WIRD.

Maó vom Hafen aus gesehen

Kehren wir aber dorthin zurück, wo unser Ausflug zum Hafen seinen Anfang genommen hat: dem oberen Teil der **Costa de Ses Voltes**. Hier befinden sich – in einem eigenen, sehr funktionell gestalteten Gebäude – der **Fischmarkt** und ein wenig weiter der Lebensmittelmarkt, dessen Fleisch-, Obst- und Gemüsestände die unteren Zellen und den Kreuzgang des an die Kirche **Esglèsia del Carme** angrenzenden Klosters einnehmen. Diesen Kontrast zwischen „Verpackung und Inhalt" sollte man sich wirklich nicht entgehen lassen, kann man doch den Besuch mit einem Spaziergang zum dahinterliegenden Mirandaplatz verbinden, der einen weiteren exzellenten Aussichtspunkt darstellt. Von diesem Platz aus gelangt man zum Platz del Príncep und zurück zur Fußgängerzone, die von den Straßen **S'Arravaleta**, **Carrer Nou**, **Costa de Hannover** und **Costa Deià** sowie, in ihrer Mitte, von der Placeta Colom gebildet wird. Dieser Bereich ist das Herzstück der Aktivitäten des Handels; am hiesigen Betrieb läßt sich ablesen, ob die Tourismussaison gut ist, welche Aussichten sie bietet und wie der Bürger auf bestimmte politische Entscheidungen reagiert.

Am höchsten Punkt der Costa Deià befindet sich das **Teatre Principal**, das 1828 als Opernhaus eröffnet wurde und damit sogar älter ist als das berühmte Gran Teatre del Liceu in Barcelona. Die Musikleidenschaft der Bewohner Maós wird auch gegenwärtig noch mit einem jährlich stattfindenden, einwöchigen und immer sehr erfolgreichen Opernfestival belohnt. Ganz in der Nähe, an der Ecke Straße Bastió/Costa de Hannover, befindet sich der sehenswerte modernistische *boinder* des Casa Montcada, eine Art verglaste Tribüne im englischen Stil. Etwas weiter, auf dem Platz Bastió, gelangen wir wieder in den mittelalterlichen Teil der Stadt und konkret zum **Arc de Sant Roc**, einem Rest der Stadtmauern, von denen der Ort einst umgeben war. An diesem Tor beginnt die Carrer de S'Arraval, die die Grenze zwischen der befestigten Stadt und ihren Vororten bildete. Eine weitere wichtige Straße im Zentrum ist die

Bauwerk am Anfang des Bogengangs „Ses Voltes"

Straße del Doktor Orfila oder **Carrer de ses Moreres**, von der zur einen Seite die Straße Cifuentes und zur anderen der Cós de Gràcia abgehen. Über die Verlängerung von Es Cós gelangt man zum Friedhof und zur Wallfahrtskapelle der **Verge de Gràcia**, der Schutzheiligen der Stadt, und über die Straße Ramon i Cajal, an deren Ecke sich der ehemalige orthodoxe Kirchenbau Sant Nicolau befindet, zum **Parc de Es Freginal**. In der Straße Conde de Cifuentes befindet sich das Kulturzentrum „**Ateneu Científic i Literari**", das eine wichtige Algen- und Fossiliensammlung beherbergt und als treibende Kraft hinter vielen kulturellen Ereignissen steht. Dahinter liegt **S'Esplanada**, nach wie vor der zentrale Platz des modernen Maó. Durch den Bau einer Tiefgarage hat sich die Struktur des von den Kasernen, die die Briten einst errichteten, umgebenen ehemaligen Exerzierplatzes einmal mehr geändert. Trotzdem lädt S'Esplanada aber wie ehedem dazu ein, sich zu entspannen; hier geht man spazieren und verabredet sich, und zweimal wöchentlich findet ein Antiquitäten- und Kunsthandwerkermarkt statt. Somit stellt der Platz mitunter auch den Ankunftspunkt für den Besucher Maós dar, und es bleibt zu hoffen, daß die anderen Militäranlagen – sollten sie denn einst zivil genutzt werden – dem Beispiel folgen. Maó hätte es verdient.

Es Castell

Nachdem die Festung Sant Felip und ihre Vorstadt verschwunden waren, beschlossen die Engländer im Jahre 1877 die Gründung dieser Siedlung unter dem Namen Georgetown. Nach dem Ende ihrer Herrschaft wurde der Ort von den Spaniern zu Ehren des regierenden Königs, Karl III., in Villacarlos umgetauft. So hieß er dann auch, bis vor kurzem der volkstümliche, an die ehemalige Festung erinnernde Name **Es Castell** offiziellen Charakter erhielt. Die Verlagerung brachte für den Ort zwar urbanistische Vorteile mit sich, den Charakter einer Militärenklave verlor er allerdings nicht, wie sich an den Kasernen erkennen läßt, die am **S'Esplanada** stehen, dem zentralen Platz, an dem sich auch das Rathaus mit seiner Kolonialstilfassade befindet. Die klassizistische Kirche del Roser beherbergt ein steinernes Altarbild, das älter ist als der Kirchenbau selbst. Von den **Cales Fonts**, wo die Lagerhäuser der Fischer in Kneipen und Restaurants umgewandelt wurden, laufen im Sommer die Boote aus, die die Bucht von Maó entlangfahren und die Verbindung mit dem **Lazarett** herstellen. Diese befestigte Anlage, die mit dem Zweck erbaut wurde, als Quarantänestation für ansteckend Erkrankte zu dienen, ist heute Kongreßzentrum und Ferienstätte der Beamtenwohlfahrt. Die Insel, auf der sie sich befindet, war bis zur Eröffnung des Alfons XIII oder Sant-Jordi-Kanals im Jahre 1900 eine Halbinsel. In einem der Gebäude befindet sich ein kleines Museum für medizinische Instrumente und andere Merkwürdigkeiten aus der Zeit seiner Gründung.

Sant Lluís

Sant Lluís wurde gegen Ende des 18. Jh. während der französischen Besatzung gegründet. Graf Lannion befahl die Anlage der Straßen und den Bau einiger Gebäude, die den Bewohnern der umliegenden Höfe als Behausungen dienen sollten. Diese Höfe haben übrigens merkwürdigerweise ihr Aussehen bewahrt, sind jedoch durch den Verlust ihrer landwirtschaftlichen Funktion mehr und mehr zu reinen Wohngebäuden geworden. Innerhalb des Ortes fallen einige noch erhaltene Mühlen, das „Haus des Gouverneurs" und die Pfarrkirche auf, deren Fassade eine Widmung zu Ehren des Schutzheiligen – des „Königs der Franzosen" – trägt. In einer der getreu restaurierten Mühlen befindet sich ein sehenswertes ethnologisches Museum.

Der Hafen Cales Fonts in Es Castell   *Es Molí de Dalt, völkerkundliches Museum in Sant Lluís*

Panoramablick über den Hafen von Fornells

Am Küstenabschnitt, der zur Gemeinde gehört, läßt eine Reihe von Stränden und Feriensiedlungen auf die zunehmende Bedeutung des touristischen Sektors schließen. **S'Algar**, **Punta Prima**, **Binibéquer**... alles Namen, die nach weißgetünchten Häuschen und sauberem Wasser klingen. Der Besucher sollte aber auch die Route entlang der sehenswerten umliegenden Weiler Torret, S'Uestrar... nicht vergessen, die sich bis zum nahegelegenen, zur Gemeinde Maó gehörenden Ort **Llucmassanes** verlängern ließe.

Alaior

Im Jahre 1304 befahl König Jakob II. von Mallorca die Schätzung eines Landguts namens Ihalor, um auf den Ländereien das heutige **Alaior** zu gründen. Der Ort könnte wegen seiner historischen Rolle als Vermittler zwischen Ciutadella und Maó und wegen seines auf der Ausgeglichenheit seiner Wirtschaft beruhenden unabhängigen Charakters als dritte „Hauptstadt" der Insel bezeichnet werden. Die Bewohner des Ortes widmen sich gleichermaßen der Landwirtschaft, dem Tourismus und der Industrie. Einen besonderen Stellenwert besitzen die Schuhfabriken und die (aufgrund ihres Geruchs leicht ausfindig zu machenden) Käsereien. **Son Bou**, **San Jaime** und **Cala En Porter** sind die wichtigsten Tourismuszentren des Bezirks.

Unter den sehenswerten Gebäuden ragen das **Casa Salord** und das jetzige Rathaus sowie die **Kirchen Santa Eulàlia** – gegen Ende des 17. Jh. im Barockstil auf dem Fundament ihrer durch ein Erdbeben zerstörten Vorgängerin wiedererrichtet – und **Sant Dídac** heraus. Letztere besitzt ein im Plate-

Luftaufnahme von Alaior

VON OSTEN NACH WESTEN

reskenstil gehaltenes Portal und einen merkwürdigen, in Wohnungen umgewandelten Kreuzgang, der im Volksmund als „**Pati de sa Luna**" bezeichnet wird. Auch die *casetes d' esbarjo* („Wochenendhäuschen"), die sich um den Ort herum befinden, überraschen mit der Vielfalt ihrer Stile und ihren exotischen Namen, die in der Regel an die Überseeabenteuer der Generation ihrer Erbauer erinnern

Es Mercadal und Fornells

Im geographischen Zentrum der Insel liegt am Fuß des **Monte Toro** die Ortschaft **Es Mercadal**, deren Name auf das Privileg zurückgeht, jeden Donnerstag einen Markt abzuhalten, das König Jakob II. dem ersten von katalanischen Siedlern gegründeten Ort verlieh. Diese Tradition wird heutzutage mit einem Kunsthandwerkermarkt fortgeführt, der inzwischen außer am Donnerstag auch am Dienstag und am Samstagnachmittag abgehalten wird. Die Mehrheit der Ortsbevölkerung geht nach wie vor einer landwirtschaftlichen Tätigkeit auf einer der zahlreichen Ländereien nach, die Es Mercadal umgeben. Im benachbarten **Fornells**, das verwaltungstechnisch immer noch einen Ortsteil darstellt, sowie in den anderen umliegenden Ortschaften ist indes der touristische Aufschwung voll im Gang. In diesem Bezirk befindet sich auch **Son Parc**, der momentan einzige sich in Betrieb befindliche Golfplatz auf Menorca.

Die dem **Heiligen Martin** geweihte Pfarrkirche steht in Es Mercadal. Sie wurde im Renaissancestil erbaut und 1807 renoviert. Sehenswert ist auch die aufsehenerregende Zisterne *D' en Kane,* die Pere Carreras im Jahre 1735 errichtete. In einem ganz anderen Zusammenhang möchten wir nicht unerwähnt lassen, daß – während der Besuch **Fornells** schon seit langer Zeit Pflicht für alle Langustenfreunde ist – sich in letzter Zeit auch in **Es Mercadal** viele „Gourmets" ein Stelldichein geben. Im Zuge der Überarbeitung des gastronomischen Angebots sind die erfolgreichsten Restaurants jetzt jene, die die typischen Gerichte und Produkte mit einem Hauch von Modernität versehen. Darüber hinaus sollte sich kein Besucher vom Kauf typischer Süßwaren in **Ca's Sucrer** oder des typischen Schuhzeugs der Landbewohner, den *abarques*, in der Werkstatt von Biel Servera abhalten lassen.

Es Mercadal vom Weg „Camino del Toro" aus gesehen

Die Dächer von Ferreries

Ferreries

Ferreries stellt ein Musterbeispiel für den wirtschaftlichen Wandel dar, den die Insel seit Beginn der Tourismuswelle in den sechziger Jahren durchgemacht hat. Schuh-, Modeschmuck- und Möbelfabriken beschäftigen eine Bevölkerung, die zuvor fast ausschließlich von der Agrarwirtschaft lebte. Darüber hinaus hat die Ackerwirtschaft Bedeutung zugunsten der Vieh- und Milchwirtschaft eingebüßt. Vervollständigt wird die gegenwärtige örtliche Wirtschaftsstruktur durch Bau, Handel und Tourismus.

Der Ort verdankt seinen Namen – so meinen einige – der Existenz eines nahegelegenen Mercedarier-Klosters (kat. *fraria*), während andere behaupten, ein Schmied (kat. *ferrer*) sei der erste Siedler gewesen. Fest steht jedenfalls, daß die Ortsgründung auf König Jakob II. von Mallorca zurückgeht, der den Bau der **Kirche Sant Bertomeu** anordnete. Der alte Ortskern wird natürlich von der genannten Kirche aus dem 14. Jh. beherrscht, Mittelpunkt der Aktivitäten ist jedoch der neugestaltete Platz d'España, auf dem jeden Samstag ein Markt mit Kunsthandwerk und regionalen Produkten abgehalten wird. Sehenswert sind in diesem Bezirk der **Barranc d'Algendar**, die Bucht **Cala Galdana** und der Berg **Santa Àgueda** (264 m), auf dem sich die Ruine einer Maurenfestung aus dem 13. Jh. befindet..

Es Migjorn

Es Migjorn ist seit 1989 unabhängige Gemeinde (vorher gehörte sie zu Es Mercadal), ihr Ursprung liegt allerdings schon zwei Jahrhunderte zurück und fällt in die Zeit der zweiten britischen Besatzung. Mit einer kleinen, dem **Heiligen Christophorus** geweihten Kirche und den um sie herum erbauten Häusern begann für die Bauern der Gegend, die ihre Erzeugnisse bis dahin zur Pfarrgemeinde Ferreries gebracht hatten, eine gewisse Unabhängigkeit. Im Ort existiert ein kleines Museum, das dem an Volkskundler Doktor Camps gewidmet ist, der seine Werke unter dem Pseudonym **Francesc d'Albranca** veröffentlichte.

Die Gemeinde Sant Cristófol. Es Migjorn Gran

Der Platz „Sa Plaça Nova", früher „Plaça de Ses Voltes"

Das Rathaus vom Hafen aus gesehen

Ciutadella

Ciutadella... ist **Ciutadella.** So oft man den Ort auch mit anderen vergleicht, die eine ähnliche Entwicklung durchgemacht haben, immer wieder kommt man auf dieses „etwas" zurück, das ihn verschieden macht. Die Bewohner sind sich des „Andersseins" bewußt und sind stolz darauf, als wollten sie auf ewig rächen, daß ihnen einst das Privileg, Hauptstadt zu sein, aberkannt wurde. Sie heißen den Fremden großzügig willkommen, bleiben aber sie selbst und fördern die bestehenden Unterschiede eher, als daß sie versuchten, sie zu überwinden. Das gilt sogar für die Sprache, denn im Katalanischen benutzen sie eigene Wendungen und Ausdrücke, die in anderen Gegenden nicht mehr erhalten sind. Somit ist es nicht ungewöhnlich, daß man sich, kommt man als Kenner anderen Gegenden der Insel hierher, fühlt, als trete man in eine andere Welt ein.

Von der alten Stadtmauer sind lediglich zwei Bastionen erhalten, und zwar **Es Born**, auf der sich das Rathaus befindet, und dort, wo ein nicht mehr existierender Bach in die Bucht mündete, **Sa Font**. Allerdings ist der ehemalige Verlauf der Mauer noch einfach nachzuvollziehen, da sie durch drei aufeinanderfolgende Promenaden (Passeig de la Constitució, Passeig de Jaume I und Passeig del Capitá Negrete) ersetzt wurde, die in ihrer Gesamtheit als „**Sa Contramurada**" bekannt sind. Der Bogen, den sie entlang der alten Stadtgrenzen bilden, ist dort, wo sich einst das Tor **Porta de Maó** befand, zum Platz Alfons III hin offen; die Straße, die in die Landstraße mündet, heißt auch heute noch **Camí de Maó** (Weg nach Maó) und ist auf der Höhe des Platzes reine Fußgängerzone. An einer der Ecken steht die erst kürzlich restaurierte **Mühle Es Comte**.

Auf der erwähnten Straße gelangt man zum **Platz Nova**, auf dem sich, wie auch auf dem vorherigen, Stühle und Tische der nahen Gaststätten befinden. Dann gelangen wir zur Straße Josep Maria Quadrado oder De **Ses Voltes**, einer der typischsten des Ortes. Ihre enge Fahrbahn wird zu beiden Seiten durch die Kolonnaden, auf die sich die flankierenden Gebäude stützen, verbreitert. Die Harmonie der Bogenfolge wird nur durch die leichte Verbreiterung des Sa Platz Vella gebrochen, über dem eines der Ortssymbole residiert: Hoch oben auf einer nüchternen Säule repräsentiert ein vom örtlichen Bildhauer Matíes Quetglas geschaffenes kleines Lamm das beliebte „*Be de Sant Joan*". Die Straße hat ihren Charme und das mittelalterliche Flair, das einen bei jedem Schritt umgibt, nicht eingebüßt, selbst wenn die unteren Etagen heute Boutiquen, Süßwarengeschäfte und andere Läden beherbergen. Am Ende der Straße liegt der **Platz de la Catedral**.

Die Kathedrale ist kaum höher als einige andere Gebäude der Stadt, der offene Platz trägt jedoch zur Hervorhebung ihrer Dimensionen bei. Sie entstand im 14. Jh. nach den Regeln der katalanischen Gotik und ersetzte eine große Moschee der Mauren, die nach der Ankunft Alfons III. bereits christlich geweiht worden war. Sie besteht aus einem einzigen großen Schiff, an das seitlich die Kapellen angebaut sind, und wurde so oft renoviert und umgebaut, daß es nicht verwunderlich ist, daß sie barocke Elemente (**Capella de Ses Ánimes**) oder klassizistische Züge (Hauptfassade) aufweist. Das Gebäude war Dreh- und Angelpunkt der Stadt, und zwar in guten wie in schlechten Zeiten, etwa im *any de sa desgràcia* – Jahr des Unglücks -, als die Türken Ciutadella zum feierlichen Beweis ihrer Wildheit in einen einzigen riesigen Scheiterhaufen verwandelten. Im Zuge der letzten Bauarbeiten wurden das sogenannte „Lichtportal" restauriert und neue Wasserspeicher angebracht.

Bevor man zum Born weiterläuft, sollte man sich einen Spaziergang durch die umliegenden Gäßchen nicht entgehen lassen. Gegenüber der Kathedrale befindet sich der **Olives-Palast** und dahinter der daran angebaute **Bischofspalast**. Etwas weiter, in der Straße Sant Sebastiá, der **Squella-Palast**, in der Straße de Santa Clara der der **Barone von Lluriach**, Inhaber des ersten inseleigenen Adelstitels, sowie das Kloster des Klarissenordens, dessen Geschichte voller Märtyrer, Brände und Entführungen dem Schicksal der Stadt eng verbunden ist. Auf der anderen Seite des **Pla de la Seu** befinden sich in der **Straße del Roser** die gleichnamige Kirche mit einem herrlichen Barockportal, die heute den „Städtischen Ausstellungssaal" beherbergt, und in der Straße Bisbe Vila einer der **Saura-Paläste** – heute eine Bankfiliale – und daneben, in einem Renaissancebau, das ehemalige **Augustinerkloster Del Socors,** in dem sich derzeit der Sitz des Konzilsseminars befindet. In seinem Kreuzgang finden im Sommer die Konzerte des traditionellen Musikfestivals und der „**Capella Davídica**" – eines Chors, der bedeutende Sänger hervorgebracht hat – statt. Dahinter, auf dem Platz de la Llibertat, trifft man beim neugebauten Gemeindezentrum „Casa de la Cultura" auf die Stände des kleinen, aber malerischen Marktes. Auf dem Rückweg kann man dann in der Straße del Santíssim noch zwei weitere interessante Paläste, nämlich den des Hauptzweiges der Familie **Saura** und den der Herzoge von **Almenara Alta**, bewundern. Schließlich statten wir auch der versteckten Straße de Sant Francesc noch einen Besuch ab, die zusammen mit den in die Hauptstraße Major del Born mündenden Straße de Palau und Straße Sant Jeroni das jüdische Viertel bildete.

Überwiegt in der bisherigen Darstellung das Ciutadella der Klöster und Paläste, so ist der Anblick des Obelisken des Born, der sich uns bietet, wenn wir von der Carrer Major aus auf diesen Platz gelangen, nicht weniger emblematisch. Links von der Straßenmündung, aus der wir auf den Platz kommen, befinden sich die **Paläste Salort** und **Vivó**, daneben das **Kloster Sant Francesc**. Rechts sehen wir die seitliche Fassade des Palastes des Grafen von Torre Saura mit der typischen Arkadengalerie. Daneben das Teatre Principal oder Teatre des Born und dann das Gebäude des „**Cercle Artístic**", des Künstlerkreises. Das letzte Gebäude schließlich birgt das Rathaus; es wurde im 19. Jh. an jener Stelle errichtet, an der einst die Festung der maurischen Statthalter stand. Hinter dem Gebäude befindet sich ein Aussichtpunkt, der einen herrlichen Blick auf den Hafen bietet.

Auf einer Karte läßt sich erkennen, daß der Innenbereich von Sa Contramurada, in dem wir uns bisher aufgehalten

Es Gin

Ist der gin auch wohl während der britischen Besatzung nach Menorca gelangt, so ähnelt er doch mehr dem holländischen Genever als dem englischen Gin. Die Wacholderbeeren werden in alten Destillierapparaten destilliert. In den Produktionsstätten der Marke „Xoriguer" im Hafen von Maó, die wesentlich zur Verbreitung dieses Produkts beigetragen hat, können sie immer noch besichtigt werden. Schwieriger sind bei einigen Antiquitätenhändlern die uralten *caneques* ausfindig zu machen, in denen der Schnaps serviert wurde. Allerdings werden diese länglichen Tonflaschen mir dem kleinen Griff am Hals von der bereits erwähnten Firma reproduziert. Der gin wird pur, mit *herbes* (einem anderen Produkt der menorkinischen Spirituosenhersteller), mit Zitronenschale und einem Schuß Sodawasser (als Appetitanreger namens *pallofa*) oder mit Limonade verdünnt getrunken. Im letzten Fall heißt das Getränk pomada und stellt das menorkinische Festgetränk par excellence dar.

VON OSTEN NACH WESTEN

Ansicht des Hafens. Im Hintergrund Es Pla de Sant Joan

haben, zu einer breiten Promenade hin geöffnet ist, die sich entlang der Bucht erstreckt. Diese Promenade, der Camí de Sant Nicolau, grenzt den Born von einem anderen bedeutenden offenen Raum der Stadt, dem Platz dels Pins, ab und endet beim Castell dels Pins, einem aus dem 17. Jh. stammenden Festungsturm. Auf dem Plätzchen steht eine Büste des Matrosen Farragut, eines Sohns der Stadt, der während des dortigen Sezessionskriegs Admiral der amerikanischen Kriegsflotte war. Am anderen Ufer des Meeresausläufers steht der **Leuchtturm von Ciutadella**. Allerdings steht die völlige Umgestaltung des Bereichs kurz bevor, da ein Projekt zum Ausbau der Hafenkapazität anhängig ist.

Im Vergleich mit dem Hafen Maós erweckt der **Hafen von Ciutadella** den Eindruck eines venezianischen Kanals einschließlich Brücke, und möglicherweise besteht sein Charme gerade in den relativ geringen Ausmaßen: Er ist nur knapp einen Kilometer lang und die durchschnittliche Breite beträgt zweihundert Meter. Die Strenge der Hafenmauer steht im Kontrast zu den bunten Restaurant- und Caféterrassen auf der Mole. Die Hafenpromenade wird den ganzen Tag über durch das Kommen und Gehen der Restaurant- und Kneipengäste, die Besatzungen der ein- und auslaufenden Boote und durch die vielen Spaziergänger belebt. Mal fährt ein *bou* ein, ein Fischerboot, dann verläßt ein Ausflugsboot den Hafen; es ist ein ständiges Hin und Her. Und diese Bewegung überträgt sich auf das Wasser, das ebenfalls nie zur Ruhe zu kommen scheint. Hier läßt sich ein außergewöhnliches Phänomen beobachten, die *rissagues*, schnellen Tiden ähnliche Veränderungen des Wasserstands, die das Hafenbecken trockenlegen können, um anschließend über den normalen Pegelstand hinaus anzusteigen. Das letzte Mal erreichte das Phänomen 1984 katastrophale Ausmaße. Das ist allerdings nicht der Normalfall, und es scheint, als seien die Forscher der Voraussagbarkeit seines Auftretens auf der Spur. Den günstigsten Zugang zum Hafen bilden die Treppen, die von Es Born hinabführen oder die Carrer Portal de Mar hinter dem Rathaus. Sie endet auf dem Platz **Pla de Sant Joan**, wo auch ein Teil des Ortsfestes stattfindet, das man übrigens nicht verpassen sollte, wenn man sich ein Bild davon machen will, wie lebendig die Stadt unter ihren jahrhundertealten Gewand geblieben ist.

▷ **Port de Maó**
▷ **Sa Mesquida**
▷ **Es Grau**
▷ **Far de Favàritx**
▷ **Na Macaret**

Die gesamte Nordostküste weist ein stark zerklüftetes Profil auf und besitzt viele kleine Halbinseln, die den Wellen trotzen, und Steilhänge, die von ihnen geformt wurden. In **Es Grau** dringt das Meer landeinwärts und nährt das Brackwasser von **S'Albufera**; gar mehr noch in **Port d'Addaia**, wo es mehr als drei Kilometer weit in das Land vordringt. Und genau diese Stellen sind die sichersten Liegeplätze für Boote, da der ganze Rest der Küste dem Wind ausgesetzt ist. Dies ist auch der einzige Grund, warum man bei Nordwind Strände an der Südküste auswählen sollte, zumal auch **Sa Mesquida**, **Morella** und **Tortuga** ihren Charme haben.

Bei **S'Albufera von Es Grau** handelt es sich um ein Feuchtgebiet von großem biologischen Reichtum, das von zahlreichen Wasservogelarten bevölkert wird. Im Sommer kommen sie zu Tausenden, nisten hier und ziehen ihre Küken auf, und auch für einige Zugvögelarten stellt der Ort eine Pflichtetappe auf der Reise in den Süden dar. Schilf, Sevenbäume und Pinien säumen S'Albufera und trennen es von der offenen See.

Ein anderer einzigartiger Ort ist das **Cap de Favàritx** mit dem Leuchtturm, der sich auf seinem schwarzen Schiefer erhebt. Ganz im Gegensatz zu **Es Grau**, wo die Landschaft weich gezeichnet ist, ist sie hier dantesk und aggresiv, vor allem bei schlechtem Wetter. Allerdings bleibt ihr Besuch empfehlenswert.

Zwischen der Küste und **Alaior** befindet sich ein großer Wald, in dem die Steineiche überwiegt, aber auch Pinien vorkommen, und der mit seltsam anmutenden Felsformationen wie den **Penyes d'Egipte** oder dem **Capell de Ferro** durchsetzt ist. An diesen Ort sollte man sich erinnern, wenn die Sommersonne drückt und einem nach einem kühlen Spaziergang im Schatten ist.

Ausflüge zu Fuss oder mit dem Fahrrad

1

Sa Mesquida
Es Grau

Für diesen Ausflug müssen Sie gut zu Fuß sein (und im Sommer einen Sonnenhut oder Sonnenschirm mitnehmen). Die Route ist jedoch vor allem deshalb empfehlenswert, weil sie durch einen trotz seiner Nähe zu Maó praktisch unberührten Teil des Küstenstreifens führt. Der Weg verläuft oberhalb der Steilküste (mit herrlicher Aussicht auf das offene Meer) und wird nur durch einige bezaubernde Buchten unterbrochen, die zu einem Bad einladen. Außerdem ist der Weg breit und bequem; nur an einigen Stellen verengt er sich zu einem Pfad. Da es sich um eine relativ weite Strecke handelt, empfehlen wir jedoch, den Rückweg von **Es Grau** aus per PKW, Bus oder Taxi vorzusehen.
• Zeit: ca. 3 - 4 h (nur Hinweg)

2

Camí de Montgofre Nou

Ein einfacher Spaziergang von der Landstraße zum Eingang des (nicht öffentlich zugänglichen) Gutshofs **Montgofre Nou**, der es erlaubt, die merkwürdigen Felsformationen des **Capell de Ferro** zu betrachten, die sich westlich des Weges befinden. Auch für Kraftfahrzeuge geeignet.
•Zeit: weniger als 1 h

3

Camí de sa Boval
Torre Blanca

Der **Camí de sa Boval** führt durch ein Gebiet, in dem sich zahlreiche, einst zum Feuchtgebiet **S'Albufera** gehörende Weiden befinden. Die archäologische Fundstätte **Torre Blanca** befindet sich mit ihrer *naveta*, den Resten einer Siedlung und einer einzigartigen *taula* (die einzige mit Blick auf das Meer) an einer Stelle, von dem aus man ebenfalls eine herrliche Aussicht auf die Küste und die **Illa d'en Colom** hat. Diese Route ist auf ganzer Länge mit dem auto befahrbar und zählt zu jenen, die es erlauben, das menorkinische "Binnenland" abseits anderer, überbevölkerter Strecken kennenzulernen.
•Zeit: ca. 2 h 30 min (Hin- und Rückweg)

4

Es Puntarró
Binixems

Diese Route beginnt in der gleichen flachen Umgebung, die bei der vorherigen beschrieben wurde, aber der Weg steigt immer mehr an, je tiefer wir in den dichten Wald hineinkommen, der kürzlich in die neue Liste der Naturschutzgebiete aufgenommen worden ist. Der Spaziergang endet an der Wallfahrtskapelle **Sant Llorenç de Binixems,** einer der ältesten der Insel. Sie stammt aus der Epoche der katalanischen Eroberung und wird bereits im Vertrag von Anagni als eine der Pfarreien erwähnt, die ein Element der neuen territorialen Struktur sein sollten.
•Zeit: ca. 2 h 30 min (Hin- und Rückweg)

5

Es Grau
Sa Torreta

Ausgangspunkt ist die kleine Holzbrücke, über die man an den Strand von **Es Grau** gelangt. Wir lgehen zum entgegengesetzten Ende des Strandes und schlagen den dort beginnenden Weg ein. Nach einer kleinen Bucht mit einem Häuschen passieren wir einen Pfad, der nach links führt, und gehenstatt dessen hinter der **Punta de Fra Bernat** weiter. Vom allmählich ansteigenden Weg aus genießen wir eine herrliche Aussicht auf die **Illa d'en Colom**. Bis zur **Cala de sa Torreta** gehen wir nun durch die Hügellandschaft, die auf dieser Seite **S'Albufera** säumt. Der gleiche Weg führt uns auch wieder zurück.
•Zeit: ca. 2 h (Hin- und Rückweg)

6

Favàritx
Cala Morella

Nachdem wir die Umgebung des Leuchtturms erforscht haben, laufen wir vom **Cap de Favàritx** in Richtung des **Platja de Tortuga**. Hinter diesem Strand befinden sich ein kleines (mitunter trockenliegendes) Feuchtgebiet und einige Dünen; unser Ziel ist jedoch **Morella Nou**, ein anderer Strand, der vom erstgenannten durch einen Fels getrennt ist. Über das Landschaftliche hinaus ist dieser Ausflug insofern interessant, daß sich die Bodenbeschaffenheit ständig ändert.
•Zeit: ca. 1 h 30 min (Hin- und Rückweg)

Port de Maó
es Castell / Cales Fonts

*Der 5 km lange Hafen von **Maó** stellt eine prächtige natürliche Zuflucht für Wasserfahrzeuge jeder Art dar. Die neuen Uferpromenaden erlauben seine Besichtigung zu Fuß; empfehlenswert ist aber eine Rundfahrt mit dem Boot.*

*Die an der gleichen Bucht liegende Ortschaft **Es Castell** ist die erste der ganzen Insel, die morgens die Sonne aufgehen sieht. Die alte Fischermole von **Cales Fonts**, eine der Sehenswürdigkeiten, ist an Sommerabenden ein beliebter Treffpunkt.*

*Der Felsen Es Pa Gros (68 m) beherrscht die Bucht **Cala Mesquida**. Hier landeten im Jahr 1871 die Franzosen und eroberten Menorca. Auf der anderen Seite der Bucht sieht man diesem Felsen gegenüber einen hübschen Wachturm, der von den Briten im 18. Jahrhundert errichtet wurde, um Überraschungsangriffe zu vermeiden.*

Sa Mesquida
Es Pa Gros / Sa Raconada Vella

*Hinter **Es Pa Gros** liegt eine zweite Bucht, die unter dem Namen **Sa Raconada Vella** bekannt. ist. Da sie fast keinen Sandstrand hat, ist sie relativ gering besucht.*

Rechts sind die Häuschen zu sehen, in denen seit Menschengedenken viele Bewohner Maós den Sommer verbringen.

*Die eindrucksvolle Landschaft von **Es Grau** – mit ihrem weitgestreckten Strand und den typischen Häuschen auf der einen Seite und der Insel **Illa d'en Colom** auf der anderen – wird durch die neue Verordnung für das gesamte Gebiet von **S'Albufera** gebührend geschützt. Jetzt ist sie zum ersten Nationalpark der Insel erklärt worden und der einzigartige Charakter dieses ausgedehnten Ökosystems wurde anerkannt (durch das Dekret werden insgesamt 1790 Hektar gesetzlich geschützt). Den Bebauungsversuchen in diesem für die Vogelwelt und viele Pflanzenspezies überaus wertvollen Habitat ist somit ein Riegel vorgeschoben. Außerdem ist die Umsetzung spezifischer Forschungs- und Bildungsprogramme vorgesehen.*

Es Grau

Parc Natural de s'Albufera

*Im Vordergrund ist **s'Albufera** zu sehen, ein wegen seiner Wichtigkeit für viele europäische und afrikanische Zugvögel unter Naturschutz stehendes Feuchtgebiet. Es ist über den kleinen Kanal Sa Gola mit dem offenen Meer verbunden.*

*Eine weitere Sehenswürdigkeit dieser Region ist die wenig besuchte **Cala de sa Torreta**, die nur zu Fuß von Es Grau aus erreichbar ist. Sie stellt den Endpunkt des auf Seite 42, Ausflug Nr. 5 beschriebenen Ausflugs dar.*

Es Grau
Sa Torreta / Illa d'en Colom

*Wer nicht über ein eigenes Boot verfügt, kann die **Illa d'en Colom** von Es Grau aus mit dem llaüt erreichen.*

*Die **Caló des Moro** ist eine der beiden kleinen, aber attraktiven Buchten der Insel.*

*In der Umgebung von Favàritx ist die kleine, relativ unbekannte Bucht **Morella Nou** eine besondere Erwähnung wert. Sie verfügt über einen von einem Pinienhain umgebenen Sand– und Kiesstrand und ein für die Küste typisches Häuschen und ist auf der auf Seite beschriebenen Route zu erreichen.*

*Die **Cala en Tortuga** (bzw. Capifort) und die **Cala Presili** sind zwei benachbarte Buchten, die unter jenen beliebt sind, die dem Massentourismus entgehen möchten. Hinter der Tortuga-Bucht befinden sich Dünen und ein kleines Feuchtgebiet.*

Far de Favàritx

Morella Nou / Cala d'en Tortuga

*Die Silhouette des Leuchtturms von **Favàritx** erhebt sich auf dem schwarzen Schiefer des wildesten Kaps dieser Küste inmitten einer oft als „Mondlandschaft" bezeichneten Umgebung. Bei Sturm bietet das Meer, das die Felsküste peitscht, ein geradezu erschreckendes Bild.*

*Das zerklüftete Profil dieser Küstenregion verbirgt einige kleine Schmuckstücke wie die Buchten **S'Enclusa** und **Montgofre**. Im Hintergrund sind die Inselgruppe Illots d'Addaia und das Fischerdorf Na Macaret zu sehen.*

*Ansicht der einsamen Cales de **Montgofre**, die – da nur vom Meer aus problemlos erreichbar – im gewissen Sinne „geheim" sind.*

Na Macaret
Montgofre / Port d'Addaia

An der Einfahrt zum engen, langgezogenen **Port d'Addaia** sind die von der kleinen Illa de ses Mones geschützten Anlagen des Sporthafens zu sehen. Dahinter **Cala Molí** und die Häuser von **Na Macaret**.

Das klare Wasser um die **Illes Gran i Petita d'Addaia** birgt einige Klippen, die die Einfahrt in den Hafen erschweren, die Seeleute wissen aber, daß sie – einmal in der Mündung – ruhig ankern können.

▷ **Arenal d'en Castell**
▷ **Arenal de Son Saura**
▷ **Fornells**
▷ **Cap de Cavalleria**
▷ **Cala Pregonda**

Es Mercadal ist der "Verteiler" dieser Region, während **Fornells** das touristische Zentrum darstellt. Der ausgedehnte, durch das Vorgebirge **Sa Mola** vor den heftigsten Winden geschützte Strand ist ideal zur Ausübung der verschiedensten Wassersportarten. Die Lieblichkeit der hiesigen Strände kontrastiert stark mit dem zerklüfteten, wilden Rest der Küste. Am deutlichsten wird das bei der **Cala Pregonda**, einem schwer zugänglichen und deshalb verborgenen Schmuckstück.

Die Vielfältigkeit der geologischen Strukturen läßt keine eindeutige Zuordnung der Landschaft zu: in **Cala Rotja** in der Bucht von Fornells sehen wir kupferfarbene Formationen (aus dem unteren Trias; sie erscheinen ebenfalls im berühmten **Penya de l'Indi** und in **Cavalleria**, wo es ebenfalls ein **Cap Roig** - ein Rotes Kap - gibt), die mit den nur wenig entfernt überwiegenden Grau- und Schwarztönen nichts zu tun haben. Einen gemeinsamen, endgültigen und unausweichlichen Faktor, der sich auf alle Formationen gleichermaßen auswirkt, gibt es jedoch: den Nordwind *Tramuntana*. Seine Erosionskraft und die Wucht des aufgewühlten Meeres prägen alles, was sich ihnen in den Weg stellt.

Die ganze Küstenlinie hatte es in der Tat verdient, durch das neue Naturschutzgesetz derBalearen geschützt zu werden. Im Binnenland finden wir weitere Orte von großem Interesse, etwa die Ruine der maurischen Festung in **Santa Àgueda** oder den **Monte Toro** als herrlichen Aussichtspunkt über ganz Menorca. Oder die kaum jemals vom Menschen berührte Landschaft, die sich zwischen beiden erstreckt und die uns an jene Zeiten erinnert, als die Jahreszeiten die einzigen vorstellbaren Veränderungen verursachten.

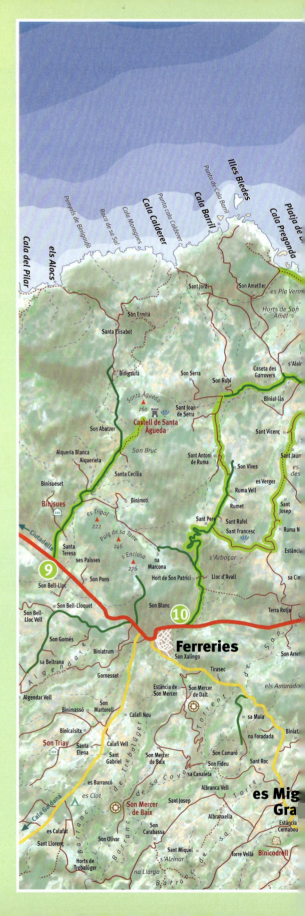

Ausflüge zu Fuss oder mit dem Fahrrad

7
Arenal de Son Saura Cala Pudent

Ein kurzer, aber attraktiver Spaziergang über die Felsformationen der Küste, der uns zur kleinen und verborgen liegenden Bucht **Cala Pudent** führt, deren Wasser klar und sauber ist. Der einfach zu findende Weg beginnt am linken Ende (wenn man aufs Meer schaut) des Strandes **Arenal de Son Saura**.
- ZEIT: ca. 1 h (Hin- und Rückweg)

8
Camí d'en Kane

Wenn wir die Landstraße verlassen, um diesen Abschnitt des alten **Camí d'en Kane** zu erforschen, gelangen wir schnell in ein unerwartet dichtes Waldgebiet. Der Ausflug ist auch für Spaziergänger und Radfahrer zu empfehlen.
- ZEIT: ca. 2 h (Hin- und Rückweg)

9
Santa Àgueda

Eine interessante Steinstraße, die eines der bedeutendsten Überbleibsel aus der Zeit der maurischen Herrschaft über die Insel darstellt, führt uns hinauf auf eine Höhe von 264 m über dem Meeresspiegel. Die Restaurierung der alten, zum kunsthistorischem Denkmal von nationalem Interesse erklärten Festung, von der aus die Insel einst verwaltet wurde, ist geplant. Sie bietet eine spektakuläre Aussicht.
- ZEIT: ca. 1 h 15 min (Hin- und Rückweg)

10
Ferreries Camí de Ruma

Der **Camí de Ruma** führt von Ferreries aus in nördlicher Richtung durch die Finca Hort de Sant Patrici. Nachdem wir einen kurvigen, ansteigenden Streckenabschnitt hinter uns gelassen haben, gelangen wir zu den Casas de Sant Francesc, wo wir das Auto lassen. Der nicht asphaltierte Weg, den wir nach rechts einschlagen, läßt uns schnell die Schönheit dieses Ausflugs erkennen; er bietet eine weite Aussicht auf die Küstenlinien zu beiden Seiten der Insel. Etwas weiter nördlich, hinter Sant Josep, wird der Weg zu einem schmalen Pfad, ist aber auf dem Abschnitt, der als **Camí de Tramuntana** bezeichnet wird, sowie auf dem Rückweg bis Sant Antoni de Ruma erneut flach und bequem.
Ab hier und mit zunehmender Höhe bieten sich erneut herrliche Aussichten, dieses Mal auf **Santa Àgueda** und **S'Enclusa**.
- ZEIT: ca. 3 h 30 min

11
Strand von Ferragut, Strand von Binimel·là

Oder umgekehrt. Das soll heißen, daß es uns der Spaziergang entlang der Küste von einem der Strände zum anderen so oder so ermöglicht, ihre Umgebung und die zwischen ihnen liegende Bucht **Cala Mica** kennenzulernen.
- Zeit: ca. 1 h 30 min (Hin- und Rückweg)

12
Strand von Binimel·là Cala Pregonda

Dieser Spaziergang vom Strand von **Binimel·là** aus stellt die empfehlenswerteste Weise dar, die wunderschöne **Cala Pregonda** kennenzulernen.
- ZEIT: weniger als 1 h (Hin- und Rückweg)

13
Cala Rotja

Diese Route beginnt kurz vor der Kreuzung der PM-710 mit der C-723 (Es Mercadal-Fornells). Wir folgen dem breiten, nicht asphaltierten Weg, bis wir eine Einfriedung überwinden müssen. Danach nehmen wir die Abzweigung nach links und gehendurch den Pinienhain zu den merkwürdigen geologischen Formationen der **Cala Rotja**. Die Freunde des Lehmbads haben hier die Gelegenheit, ihrer Haut etwas Gutes zu tun, aber auch der Anblick der großen Bucht von Fornells für sich allein ist schon den Spaziergang wert. Für den Rückweg empfehlen wir, der Küstenlinie vorbei an der **Cala Blanca** bis zum alten Haus und den stillgelegten Salinen von La Concepción zu folgen und von dort aus dem Weg zurück zum Ausgangspunkt einzuschlagen. Echte Wanderfreunde können den Spaziergang noch verlängern, indem sie die kleinen Wege erforschen, die von hier die **Mola de Fornells** durchlaufen.
- ZEIT: ca. 1 h 30 min

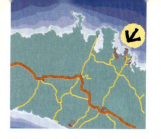

Arenal d'en Castell

MACAR DE SA LLOSA

Die steinerne Mole der Punta Grossa schützt den langen, geschlossenen Sandstrand **Arenal d'en Castell** *vor dem Nordwind. Die umliegenden Hotels und Feriensiedlungen weisen auf die Anziehungskraft hin, die dieser große Strand auf viele Urlauber ausübt.*

Auch **Macar de sa Llosa** *ist ein sehr hübsches Fleckchen an dieser großen Bucht, in der auch der Strand Arenal d'en Castell liegt. Von diesem Strand aus kann man Macar de sa Llosa in einem Spaziergang erreichen, obwohl man leichter und schneller über Son Parc, die am weitesten im Norden gelegene Siedlung, hierher kommt.*

*Der **Arenal de Son Saura** wird oft – vielleicht um ihn von der Cala Son Saura an der Südküste zu unterscheiden – mit dem Namen der umliegenden Feriensiedlung „Son Parc" bezeichnet. Er ist von einem Dünenstreifen umgeben, und landeinwärts befindet sich der einzige Golfclub Menorcas.*

*Die winzige **Cala Pudent** liegt links von Son Saura. Die Nähe zum großen Strand und die Schönheit der Umgebung machen einen Besuch empfehlenswert (Routenbeschreibung S. 56, Ausflug Nr. 7).*

Arenal de Son Saura
Cala Pudent / La Mola de Fornells

*Die **Mola de Fornells** ist das nördlichste Ende der Nordwestküste Menorcas. Danach fängt ein Küstenstreifen an, der dem starken Tramontana-Wind direkt ausgesetzt ist, beginnend mit der ausgedehnten und zum Meer hin fast geschlossenen Bucht von Fornells. Das Gleichgewicht dieses Teils der Insel, heute Naturschutzgebiet, war schon mehrere Male durch die hier durchgeführten, tiefgreifenden Veränderungen, bedroht. Glücklicherweise hat man jedoch erreicht, daß ihr Reiz durch die zunehmende Nutzung durch Feriengäste nicht beeinträchtigt wird.*

Der Fischerhafen von **Fornells** stellt unzweifelhaft einen der wichtigen Anziehungspunkte für den Tourismus dar. Die Langustensuppe, die in seinen Restaurants serviert wird, hat auf diese Entwicklung einen großen Einfluß gehabt. Darüber hinaus ist hier der Wachtturm zu sehen, den die Briten nach der Zerstörung der alten Festung Sant Antoni errichteten.

Dort, wo die riesige Bucht von Fornells endet, sind immer noch die Wasserbecken der ehemaligen Salzproduktion **Ses Salines** zu sehen. Daneben scheint sich der Pinienhain am Wasser der **Cala Blanca** zu erfrischen. In diese Landschaft führt der Ausflug Nr. 13, der auf S. 56 beschrieben wird.

Fornells
Ses Salines / Cala Tirant

Gegenüber dem immer noch länger werdenden Hafen unterstreichen kleine Buchten den Binnenmeerscharakter des abgebildeten Gewässers. Die Bucht ist ideal für Segelkurse.

*In **Cala Tirant** weist der Name einer neuen Feriensiedlung darauf hin, daß sie zum großen „Strand von Fornells" werden soll. Auf dem Rücken dieses Sandstreifens befindet sich ein Feuchtgebiet, in dem Tamarinden wachsen.*

*Die **Cavalleria**-Halbinsel endet mit diesem Fels, und ihr Leuchtturm markiert den nördlichsten Punkt der Insel. Im Hintergrund ist die **Illa dels Porros** zu erkennen, die bei rauher See überspült wird.*

*Die rötlichen Sandstrände **Cavalleria** und **Ferragut** sind sehr empfehlenswert... solange kein Nordwind weht. Der als Ausflug Nr. 11 auf S. 56 empfohlene Spaziergang von hier zum nahegelegenen Binimel·là ist einfach und angenehm.*

Cap de Cavalleria
Ferragut / sa Nitja / Binimel·là

*Diese Ansicht des **Cap de Cavalleria** macht die Unterschiedlichkeit des hohen Ostgefälles mit seinen Steilhängen und des niedrigen, allmählich zum Meer hin abfallenden Westhangs deutlich. Zur Linken sehen wir **Port de sa Nitja**, den kleinen Kern einer ehemaligen römischen Siedlung, in der gegenwärtig Ausgrabungen stattfinden.*

*Der Strand von **Binimel·là** ist der breiteste und am einfachsten zugängliche Strand einer Gegend, in der der Reichtum der Meerestiefen spürbar ist. Nicht weniger fruchtbar ist – aufgrund des Vorhandenseins von Süßwasser und guter Erde das dahinterliegende Festland des Pla Vermell.*

Cala Pregonda
Pregondó

Pregonda ist einfach traumhaft. Die schwierige Zugänglichkeit hat hier den Erhalt einer einmaligen Kombination klaren Wassers, feinen Sands und des umgebenden Pinienhains möglich gemacht. Im besonderen Maße wird die einzigartige Schönheit aber durch die Lage im Zentrum der rauhen Nordküste betont.

Die vor der offenen See schützenden Klippen tragen zum Entstehen einer Atmosphäre bei, die für andere Breiten typisch scheint. Rechts: Der breiteste Teil des Sandstrands ist unter dem Namen **Pregondó** bekannt. (Routenbeschreibung S. 56, Ausflug Nr. 12).

Cala Pregonda
Illes Bledes / Cala Barril
Cala Calderer

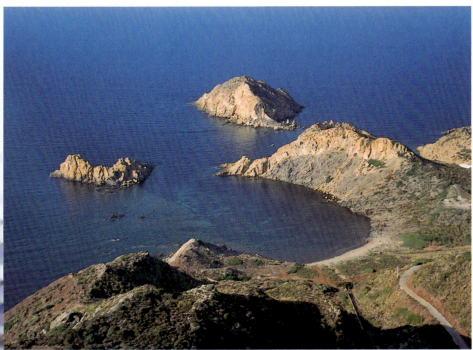

*Die **Cala Barril** liegt im Schutz eines neuen, steinigen Geländekeils. Die größere der **Illes Bledes** deutet unzweifelhaft auf die Verlängerung der Landzunge unter dem Wasserspiegel hin.*

***Cala Calderer**, im Vordergrund, ist ein weiterer Bezugspunkt an dieser Küste und gehört zu einem der größten Naturschutzgebiete der Insel. Es ist zwar nicht ganz leicht, bis dorthin zu gelangen, doch die Mühe wird reichlich belohnt.*

▷ **Cala Pilar**
▷ **Algaiarens**
▷ **Ciutadella**
▷ **Cap d'Artrutx**
▷ **Son Saura**
▷ **Macarella**

Das am westlichen Ende Menorcas gelegene Gemeindegebiet von **Ciutadella** stellt den trockensten und kargsten Teil der Insel dar. Es reicht im Norden bis an die Grenze des großen Waldgebiets von **La Vall** und im Süden an den Bereich der Schluchten heran. Zudem weist das Gelände keine großen Höhenunterschiede auf, es handelt sich vielmehr um eine große Ebene, die nach Süden allmählich zum Meeresufer hin absinkt.

Das landschaftlich interessanteste Element stellt die Küste selbst dar, während im Binnenland einige prähistorische Überbleibsel von Interesse sind sowie einige Herrenhäuser, die durch ihren Kontrast zur ländlichen Architektur vom Glanz vergangener Zeiten zeugen.

Der Zugang zu den Stränden, die an der Südküste von der Bauwut verschont geblieben sind, führen auf dem letzten Stück über private Grundstücke. Dadurch sind sie zwar mehr oder weniger im Originalzustand erhalten geblieben, die Besitzer schränken aber den Zugang ein und kassieren Parkgebühren. Diese sogenannte "ökologische Steuer", die Gegenstand von Auseinandersetzungen mit der Verwaltung ist, betrifft **Son Saura**, **Es Talaier**, **En Turqueta** und **Macarella**.

Trotzdem muß man jedoch hierherkommen oder nach **Algaiarens** im Norden fahren, wenn man der Vermassung der näher an Ciutadella gelegenen Strände **Santandria**, **Cala en Blanes**, **Cala en Brut**, **Cala en Forcat**, **Cales Piques** usw. entgehen möchte, die trotz allem ihren Reiz haben und vielerlei Dienstleistungen bieten.

Die unzweifelhafte historische Persönlichkeit Ciutadellas geht weit über die Rolle als Knotenpunkt für Ausflüge in die ganze Region hinaus. Der mediterrane Charakter, der Charme seiner Straßen und edle Gebäude machen den Ort an sich schon zu einem attraktiven Ausflugsziel.

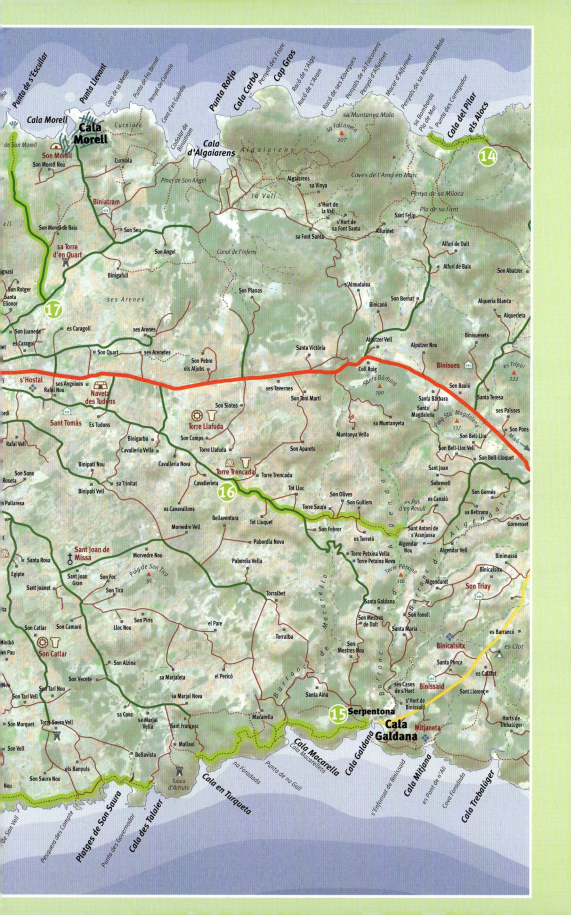

III AUSFLÜGE ZU FUSS ODER MIT DEM FAHRRAD

14

Els Alocs
Cala Pilar

Wenn wir auf halber Höhe des Hangs am Meeresufer entlang gehen, gelangen wir an einen der beliebtesten Strände abseits des Massentourismus, der sogar über einen kleinen Süßwasserbrunnen verfügt. Westlich von hier - zunächst passieren wir die Punta d'es Carregador - befindet sich ein seltsames Werk der Natur: Hunderte von macs - großen, von den Wellen kieselartig rundgeschliffenen Steinen - bilden einen "Strand", der für Riesen geeignet sein dürfte.
• ZEIT: ca. 2 h (Hin- und Rückweg)

15

Cala Galdana
Cala Macarella
Cala en Turqueta

Der erste Abschnitt dieser Route verläuft vom Meer getrennt durch einen Pinienhain. Die schönen Buchten von Macarella und Macarelleta wären allein schon ein ausreichender Grund für diesen Spaziergang, aber seine Fortsetzung (nach einem Bad im sauberen Wasser) zur nicht minder beeindruckenden Cala Turqueta ist die Mühe wert. Hat man Lust auf eine ausgedehnte Entdeckungstour, so bietet sich eine Kombination dieser landschaftlich schönen Route mit der vorher beschriebenen an, wobei man bei der Cala Turqueta beginnen könnte und für die Verbindung beider Routen etwa eine halbe Stunde veranschlagen muß.
• ZEIT: ca. 2 h 30 min (Hin- und Rückweg)

16

Torre Trencada
Barranc d'Algendar

Wir verlassen Ciutadella auf dem Camí Vell de Maó und legen bei **Torre Trencada** einen ersten Zwischenstopp für die Besichtigung des dortigen *talaiot* und der *taula* ein (ein Schild kennzeichnet den Weg dorthin sowie den Parkplatz, wo wir das Auto stehenlassen). Zu Fuß können wir gegebenenfalls zum benachbarten **Torre Llafuda** gehen, wo sich eine weitere, etwas kleinere taula befindet. Danach fahren wir auf der Landstraße in der gleichen Richtung wie zuvor bis ans Ende der Asphaltierung auf der Höhe von Son Guillem weiter, wobei wir an einer Gabelung nach links abbiegen. Nun können wir zu Fuß zum **Barranc d'Algendar** hinunterlaufen. Der alte, in den Fels gehauene, noch gepflasterte Weg läßt einen bereits das Schauspiel erahnen, das der Wasserlauf und die üppige Vegetation bieten.
• ZEIT: ca. 1 h (Hin- und Rückweg) für den Fußweg.

17

Punta de s'Escullar

Diese Route erlaubt einen schnellen Überblick über die - abgesehen von bestimmten Punkten wie der nahegelegenen Cala Morell - wilde und einsame Nordwestküste. Wir parken das Auto dort, wo die Asphaltierung endet, und nähern uns dem Steilhang, von dem aus wir einen schönen Ausblick nach links und rechts genießen können.
• ZEIT: ca. 1 h (Hin- und Rückweg)

18

Son Xoriguer
Es Talaier

Dieser Ausflug kann auch in **Cala en Bosc** begonnen werden, wobei der bebaute Abschnitt, der diese von **Son Xoriguer** trennt, ausgespart wird. Die Route verläuft immer in der Nähe des Meeresufers und nur selten müssen Einfriedungen, die in der Regel über *botadors* (seitlich herausragende, als Stufen dienende Steine) verfügen, oder andere Hindernisse überwunden werden. Hinter der Finca So Na Parets Nou zur Linken und dem Zugang nach Torre Saura Vell gelangen wir zum doppelten Strand von **Son Saura**. Ab hier ist der Weg nicht mehr deutlich auszumachen, aber das Küstengebiet weist keine größeren Hindernisse auf. Wir gehen links an der Punta des Governador vorbei weiter nach **Es Talaier**, einer Bucht, die über feinen weißen Sand verfügt, aber wesentlich kleiner ist als Son Saura. Die Route kann mit der im Anschluß beschriebenen Route verbunden werden.
• ZEIT: ca. 3 h 30 min (Hin- und Rückweg)

Cala Pilar
Cala Carbó

Die wegen ihrer Lage in einer dünnbesiedelten Gegend und des halbstündigen Fußwegs vom nächstgelegenen Parkplatz abgeschiedene **Cala Pilar** birgt trotzdem (oder gerade deshalb) einen sehr beliebten Strand. Ein empfehlenswertes zusätzliches Ausflugsziel ist der links von diesem Sandstrand liegende andere „Strand" aus großen Kieselsteinen, den **macs**. (Routenbeschreibung S. 70).

Die **Cala Carbó** stellt ein weiteres Versteck der „Nordküstenexperten" dar. Am besten ist sie vom Meer oder der benachbarten Bucht von Algaiarens aus zu erreichen.

*Die Gruppe, die der kleine und der große Strand von **Algaiarens** und der benachbarte Strand **Platja ses Fontanelles** bilden, stellt den prächtigen Abschluß einer der interessantesten Regionen Menorcas dar, die in der Ausdehnung mit der **Finca la Vall** übereinstimmt. Dahinter befindet sich der **Codolar de Biniatram**.*

*Zu den einladenden sauberen Sandstränden mit dem kristallklaren Wasser kommt in **Algaiarens** noch die Schönheit der umgebenden Landschaft mit ihren Dünen und Marschen hinzu.*

Algaiarens

Cala Morell / Punta Nati

Im Kontrast zu einer immer zerklüfteteren Küstenlinie bietet die tiefe Bucht von **Cala Morell** kleinen Booten einen günstigen Ankergrund. Einige zwischen den Gebäuden der Siedlung liegende Höhlen deuten darauf hin, daß dieser Ort bereits vor langer Zeit besiedelt war.

Punta Nati ist ein unwirtlicher Ort. Die Plattform, auf der Leuchtturm steht, ist von hohen, steilen Abhängen umgeben, der Boden besteht aus mit spärlichem Gestrüpp bewachsenen Gestein, und die einzigen Gebäude sind die merkwürdigen ponts, die als Ställe dienten. Trotzdem beeindruckt der Ort gerade durch seine Trostlosigkeit.

*Der hinter dem **Cap de Bajolí**, dem westlichsten Punkt der Insel gelegene natürliche Felsbogen **Pont d'en Gil** erscheint wie das Tor zu einer verborgenen Bucht.*

*Nördlich von Ciutadella erheben sich die Touristenkomplexe wie Festungen, die den schmalen Zugang zum Meer in **Cala en Forcat** für den exklusiven Gebrauch verteidigen sollen.*

Cala en Forcat

PONT D'EN GIL / CALA EN BLANES

Die **Cala en Brut** stellt praktisch eine Flußmündung dar und verfügt nur über wenig Sandfläche. Von den Badegästen werden die mit Zementplatten befestigten Ufer trotzdem zum sommerlichen Sonnenbad genutzt.

Die **Cala en Blanes** ist schmaler und länger als die bisher beschriebenen Buchten. Durch die Nähe zu Ciutadella hat sie allerdings mit den anderen gemeinsam, daß sie im Sommer das Schild „komplett" aushängen können.

*Die zentral gelegene gotische Kathedrale beherrscht das historische **Ciutadella** als stummer Zeuge seiner Bedeutung über die Jahrhunderte... In bestimmter Hinsicht hat dieses Bild allerdings eine begrenzte Dauer: Schon sehr bald wird ein ehrgeiziges Projekt in die Tat umgesetzt werden, in dessen Verlauf der Hafen auf das offene Meer hinaus ausgeweitet werden soll. Das Wachstum, das die Stadt landeinwärts bereits aufweist, wird dann mit den vielerseits gewünschten neuen Liegeplätzen und Anlagen für die Freizeit- und Handelsschiffahrt ergänzt werden.*

Ciutadella

Santandria ist eine schmale, lange Bucht, die für die Bewohner Ciutadellas ein traditionelles Erholungsgebiet darstellt. Zudem ist sie von historischer Bedeutung, da sie im 18. Jh. von den Franzosen als „Zugangstor" zur Stadt genutzt wurde.

In der südlicher gelegenen **Cala Blanca** wird das Lokalkolorit bereits mit einer touristischen Nutzung kombiniert. Im Bereich um beide Buchten befinden sich verschiedene prähistorische Höhlen.

An dieser Ecke des **Cap d'Artrutx** endet der Südwesthang der Insel. Das Gelände fällt hier allmählich zum „Kanal" ab, und der Leuchtturm blinzelt dem von Capdepera auf Mallorca zu.

Cap d'Artrutx

Santandria / Cala Blanca
Cala en Bosc / Son Xoriguer

*Von Westen aus gesehen ist **Cala en Bosc** der erste Strand der Südküste. Er ist von neuen Hotels und anderen, auf den Tourismus ausgerichteten Anlagen umgeben, unter denen sich auch eine zum Sporthafen ausgebaute Lagune befindet.*

*Die Muschelform des Strandes von **Son Xoriguer** bildet die Grenze zwischen dem Touristenzentrum und der unbebauten Fläche, die sich daran anschließt.*

Son Saura besitzt unter den Buchten, die als „Südküste von Ciutadella" in das neue Naturschutzgebiet eingegliedert wurden, den saubersten Sandstrand. Gemeinsam mit den Stränden von **Es Talaier**, **En Turqueta** und **Macarella** bildet er eine Gruppe „jungfräulicher Strände", die glücklicherweise vom „Bebauungsstil" verschont geblieben sind, der die Küste vor einigen Jahren heimsuchte.

Son Saura
Es Talaier / Cala en Turqueta

Es Talaier ist ein herrlicher Ort, der hinter der Punta del Governador erscheint, wenn wir von Son Saura kommen (s. Ausflug Nr. 18 auf S. 70). Wie die benachbarten Strände verfügt auch dieser über weißen Kalksand.

Die **Cala en Turqueta** (hier abgebildet) und die **Cala Macarella-Macarelleta** (auf der nächsten Doppelseite) sind in dieser Gegend die beliebtesten Buchten. Man sieht sofort, weshalb. Vom Meer aus kommend kann man hier problemlos ankern. Schwieriger ist der Zugang von der Landseite aus, da die Besitzer der umliegenden Ländereien mitunter eine „Maut" verlangen.

Macarella-Macarelleta

▷ **Cala Galdana**
▷ **Trebalúger**
▷ **Son Bou**
▷ **Cala en Porter**

Der zentrale Streifen des menorkinschen migjorn zwischen dem Steilhang **Barranc d'Algendar**, der die Grenze zwischen den Gemeinden Ciutadella und Ferreries markiert, und dem Steilhang von **Cala en Porter**, der sich bereits im Bezirk Alaior befindet, ist durch eine Reihe von Wasserläufen gekennzeichnet, die sich auf ihrem Weg zum Meer allmählich immer tiefer in den Kalksteinboden eingefressen haben.

Das Küstenprofil, das in Cala Galdana relativ hoch beginnt, fällt bis hin zu den Stränden von **Binigaus** allmählich immer mehr ab. Dort beginnt die fast ununterbrochene Kette der meistbesuchten Strände Menorcas: **Sant Adeodat**, **Sant Tomàs**, **Atàlitx**, **Son Bou**. Hinter Son Bou beginnt mit der natürlichen Wand des **Cap de ses Penyes** wieder die Steilküste.

Das saubere, in den schönen **Cala Mitjana**, **Cala Trebalúger**, **Cala Fustam** und **Cala Escorxada** "gefangene" Wasser macht die konkurrenzlose Attraktivität dieser Region aus. Und **Cala Galdana** ist trotz der Bebauung das Sinnbild dieser einzigartigen menorkinischen Landschaft geblieben. Kleine Buchten mit smaragdgrünem Wasser, Pinienhaine, die bis ans Wasser heranreichen und willkommenen Schatten spenden, eine üppige Vegetation und Süßwasserquellen in den Bachtälern... kurz, einfach traumhaft.

Zu diesem Paradies mit seinem vielfältigen Angebot kleiner Buchten und ausgedehnter Strände gelangt man von Ferreries, Es Migjorn und Alaior aus, je nachdem, wo man letztlich hin möchte (s. Karte und Routenbeschreibungen). Dort, wo sich Hotelbetriebe befinden (Cala Galdana, Sant Tomàs, Son Bou) ist das Serviceangebot logischerweise besonders breit.

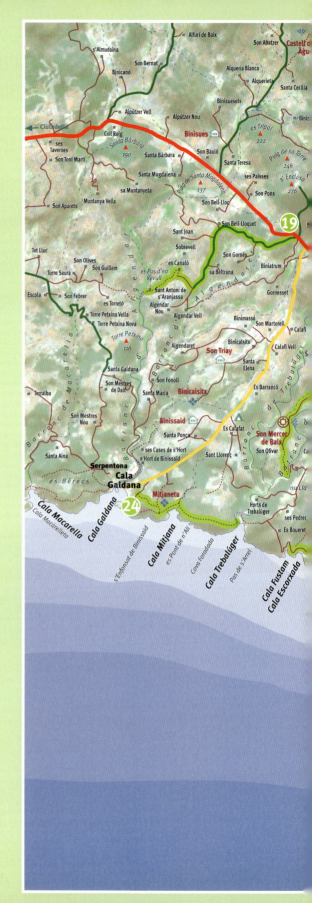

IV AUSFLÜGE ZU FUSS ODER MIT DEM FAHRRAD

19

Ferreries Barranc d'Algendar

Ein weiterer Weg zur Schlucht von Algendar (s. Routenbeschreibung .. auf Seite ..). Kurz hinter der Abzweigung nach Cala Galdana biegt man auf eine abschüssige Strecke nach links ab. Es handelt sich um ein asphaltiertes Straßchen, das über Anhöhen hinwegführt und die Aussicht auf die Berge von **S'Enclusa** im Norden ermöglicht. Wir halten uns in Richtung der Südküste bis **Es Canaló**, wo wir das Auto stehenlassen und zu Fuß zum Bach weitergehen. Der Wechsel, den wir in der Vegetation ausmachen, wenn wir in das Mikroklima der Schlucht eintreten, ist radikal. Hier scheint alles zu wachsen: Schilf, Obstbäume, Lianen, Palmen... Nachdem wir den Wasserlauf überquert haben, können wir die vorher beschriebene Route in entgegengesetzter Richtung schließen, wenn wir uns am Zielpunkt abholen lassen.
- ZEIT: ca. 1 h
(Hin- und Rückweg) für den Fußweg

20

San Adeodato Cala Escorxada Cala Fustam

Der Spaziergang führt zunächst an den Stränden von Binigaus entlang. Hinter dem Kiosk, der sich am Ende befindet, beginnt ein Pinienwald, der bis Escorxada reicht. Bedenken Sie die in der Beschreibung der Route 24 angegebene Möglichkeit der entgegengesetzten Laufrichtung.
- ZEIT: ca. 2 h 30 min
(Hin- und Rückweg)

21

Cova na Polida Cova des Coloms

Um zu diesen interessanten Höhlen zu gelangen, begeben wir uns vom Parkplatz von **Sant Adeodato** aus in Richtung der Strände von **Binigaus**. Am mittleren Teil der Strände angekommen, gehen wir rechts am Hauptbett vorbei und über eine Einfriedung hinweg am linken Ufer bergauf. Wir folgen dem Weg und treffen nach 500 m auf eine Abzweigung, die zur anderen Seite hinüberführt, wo sich die erste der Höhlen befindet. Es handelt sich um die Höhle **Na Polida**. Um ihren leider stark durch kommerzielle Nutzung in Leidenschaft gezogenen Reichtum an marmornen Stalaktiten zu besichtigen, benötigt man eine Laterne. Wir kehren auf die linke Seite zurück, um nach wiederum etwa 500 m erneut zu wechseln und die Höhle **Els Coloms** zu besichtigen. Sie ist wegen ihres spektakulären, 24 m hohen Eingangs auch als Sa Catedral bekannt. Archäologische Funde scheinen die Vermutung zu bestätigen, daß sie in der Vorgeschichte als Sanktuar genutzt wurde.
- ZEIT: ca. 2 h 30 min

22

Sant Tomàs Basilika Son Bou

Diese Route führt von einem Ende der beiden Strände zum anderen (wobei man um die Außenanlagen des beim ersten Strand befindlichen Hotels herumlaufen muß) und stellt einen interessanten Spaziergang für alle dar, die das Herumliegen in der Sonne langweilt. Die Landspitze von **Atalitx** bietet einen schönen Ausblick auf **Son Bou**. Der Spaziergang kann mit der Besichtigung der Ruine der frühchristlichen Basilika beendet werden.
- ZEIT: ca. 2 h 30 min (Hin- und Rückweg)

23

Son Mercer de Baix Trebalúger und Sa Cova

Das eigentliche Interesse dieser Route liegt in der archäologischen Fundstätte von **Son Mercer de Baix** mit ihren navetas, die als Behausung gedient haben (und von denen eine als Cova d'Es Moro bekannt ist), und der spektakulären Aussicht auf den (mit dem Fahrzeug erreichbaren) Punkt, an dem die beiden Schluchten aufeinandertreffen. Wir schlagen wegen ihrer überragenden Schönheit einen Spaziergang hinunter in die Schlucht von Sa Cova (bzw. Son Fideu) vor.
- ZEIT: ca. 1 h 30 min
(Hin- und Rückweg) für den Fußweg

24

Cala Galdana Cala Trebalúger

Der Weg beginnt im oberen Teil der Siedlung und führt durch einen Pinienhain zunächst nach **Cala Mitjana** und dann nach **Trebalúger**. Wer Lust hat, weiterzugehen, kann die Route /#/ (in entgegengesetzter Richtung) anschließen und die Wanderung am Strand von Sant Adeodato enden lassen.
- Zeit: ca. 3 h (Hin- und Rückweg)

25

Es Migjorn und Binigaus

Ein alternativer Zugang zum Strand von **Binigaus**, der für sich schon einen schönen Spaziergang darstellt, wobei der letzte Abschnitt, der in die gleichnamige Schlucht hinabführt, besonders schön ist. Landschaftlich interessant. Mit dem Auto gelangt man bis Binigaus Nou.
- ZEIT: ca. 1 h 30 min
(Hin- und Rückweg) für den Fußweg

Cala Galdana

Cala Galdana ist ein weiterer Name, der vielen Menorca-Liebhabern das Herz höher schlagen läßt. Die Bucht verfügt über eine bevor-zugte, beeindruckende Umgebung, in der die Flora und Fauna der Schluchten intakt geblieben ist. Der größte Teil der höheren Lagen ist von einem dichten Pinienwald bedeckt, und die Kontur des Strandes ist so präzis gezogen, daß man sich fragt, ob hier nicht wohl geschummelt wurde. Auf der ersten Aufnahme ist der Verlauf der Schluchten von *Algendar* und *Algendaret* deutlich zu erkennen, die allmählich hinabführen, bis sie gemeinsam in die Bucht münden. Die zweite wird von dem skandalösen großen Hotelbau beherrscht, das in der ersten Phase der urbanistischen Erschließung am Steilhang errichtet wurde.

*Auf den vier Aufnahmen dieser Seite sind die südlichen Buchten deutlich zu erkennen. Es handelt sich um die aufeinanderfolgenden Mündungen von Schluchten, deren kleine Strände von Pinienhainen umgeben sind und deren klares Wasser stets türkisfarben ist. Auf dem ersten Bild ist die **Cala Mitjana** zu sehen.*

*Die fruchtbaren Böden des **Barranc de sa Cova** (bzw. de Son Fideu), bevor die Schlucht das Meer erreicht, werden für Gärten und Äcker genutzt. Der am Ende der Schlucht gelegene **Trebalúger**-Strand wird – obwohl vielbesucht – wegen seiner Lage abseits der großen Touristenzentren zu den „jungfräulichen" Stränden gezählt.*

Trebalúger

Cala Mitjana / Cala Fustam
Cala Escorxada

Eine weitere Ansicht des **Trebalúger**-Strandes, auf der zu erkennen ist, daß er sich wie eine Trennlinie zwischen Bach und Meer erstreckt. Der Bach staut sich hier, solange seine Wassermenge nicht zunimmt, was im Sommer nicht die Regel ist. (Routenbeschreibung S. 86, Ausflug Nr. 24).

Zwischen **Fustam** und **Escorxada** liegt die Punta de Sant Antoni. Trotzdem werden sie aufgrund ihres geringen Abstands meist gemeinsam genannt. Auffällig ist die Üppigkeit des sich hinter den calas erstreckenden Pinienwaldes, die zu seiner Aufnahme in die neue Liste der geschützten Gebiete geführt hat. (Routenbeschreibung S. 86, Ausflug Nr. 20).

Im zentralen Teil der Südküste gibt es einen Abschnitt, auf dem sich die typische Schlucht-Bucht-Konfiguration ändert. Das immer flachere Gelände endet nicht mehr in Steilhängen, das Schwemmland erlaubt den Ackerbau, und zwischen den Äckern und dem Strand liegt eine schmale Dünenkette. Dieser Abschnitt beginnt mit den **Platges de Binigaus**.

Hinter den Klippen von Codrell gelangen wir zu den in einem städtebaulich mit Hotels und Wohnhäusern erschlossenen Gebiet gelegenen Stränden von **Sant Adeodat** *und* **Sant Tomàs**. *Die Weite dieser Perspektive erinnert uns daran, daß wir uns auf einer Insel befinden.*

Son Bou

Binigaus / Sant Tomàs / Atàlitx

*Von der **Punta d'Atàlitx** aus hat man einen guten Rundblick über den ganzen Sandstrand von Son Bou. Hinter den Äckern liegt ein Pinienhain, der den einzigen Schattenspender darstellt. Der Sandstreifen ist hier schmaler, seine Abgeschiedenheit macht ihn aber unter FKK-Anhängern sehr beliebt.*

***Son Bou** ist der längste Strand (fast 4 km Sand)... und der meistbesuchte. Seine Ausdehnung und das Vorhandensein vieler Dienstleistungsbetriebe im erschlossenen Teil (u.a. gibt es hier einen Wasservergnügungspark) macht ihn empfehlenswert für den Strandbesuch mit Kindern. An einem Ende des Strandes befindet sich die Ruine einer frühchristlichen Basilika.*

Son Bou

*Hinter dem am Ende des Strandes Son Bou gelegenen Cap de Ses Penyes beginnen erneut die kleinen, in die Steilküste eingefügten Buchten. Hier sehen wir die Cala **Sant Llorenç** an der Mündung der Schlucht Barranc de Sa Torre Vella.*

*Während der Mensch versucht, die dünne Erdschicht zu nutzen, untergräbt das Meer die Fundamente des großen Kalksteinblocks. Zur Linken erinnert die Ruine des Wachturms **Sa Torre Nova** daran, daß man sich hier einst um Übergriffe von Piraten sorgen mußte.*

Cala en Porter

Cala Sant Llorenç / Sa Torre Nova

*Cala en Porter war wegen der großen Ausdehnung des Strandes eine der ersten Buchten, die für touristische Zwecke erschlossen wurden. In der zum offenen Meer gerichteten Steilwand wurden einige natürlich entstandene Höhlen als Diskothek, **„Cova d'en Xoroi"** hergerichtet, die wegen ihrer Lage und der Aussicht, die sie bietet, wohl recht einmalig ist.*

*Geometrisches Muster der Einfriedungen, die Nutzflächen und Besitz begrenzen: Die Aufteilung in **tanques** (eingefriedete Flurstücke) ist bestens zur Identifikation Menorcas aus der Vogelperspektive geeignet.*

▷ **Cales Coves**
▷ **Canutells**
▷ **Binibèquer**
▷ **Punta Prima**
▷ **Cala Alcalfar**
▷ **Cala Sant Esteve**

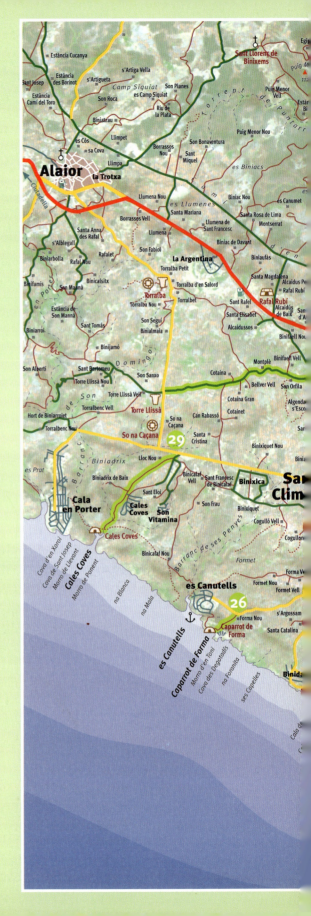

Diese Region wird von der Schlucht von **Cala en Porter,** die von Alaior aus nach Süden führt, und der imaginären Linie vom Hafen von Maó zum Ort hin begrenzt. Sie umfaßt eine sehr abwechslungsreiche Landschaft fast ohne Höhenunterschiede und - abgesehen vom Küstenstreifen - mit spärlichem Baumbestand. Zur feuchteren Jahreszeit überwiegt das Grün der Weiden, während sonst knorrige Wildoliven das Bild beherrschen. Dort allerdings, wo die Ebene in Form eines sanften Hügels zum Meer hin abfällt, ist der Bewuchs typisch mediterran, und man findet Pinien und Steineichen.

Cala en Porter, **Cales Coves**, **Es Canutells**, **Binidalí** und **Biniparratx** sind Strände, um die herum sich die Steilküste hoch erhebt. Zwischen **Binissafüller** und der **Punta Prima** nimmt dann die Höhe ab, die Küste bleibt aber zerklüftet und felsig. Die Punta Prima verfügt über einen langen, der **Illa de l'Aire** - dem südlichsten Punkt der menorkinischen Geografie - gegenüberliegenden Sandstrand. Von hier ab bis zur vor dem Hafen von Maó gelegenen **Cala Sant Esteve** schaut der aufgehenden Sonne eine hohe Küstenlinie entgegen, die lediglich von der **Cala Alcalfar**, **S'Algar** und **Rafalet** unterbrochen ist.

Der größte Abschnitt der beschriebenen Küste gehört zur Gemeinde Sant Lluís, die zahlreiche Siedlungen und einige Weiler von kulturellem und touristischem Interesse umfaßt. Bemerkenswert ist auch die von der Gemeinde in Angriff genommene Restaurierung des sogenannten "Camí de Cavalls", eines alten Küstenweges, dessen erster Abschnitt zwischen **Punta Prima** und **Alcalfar** verläuft.

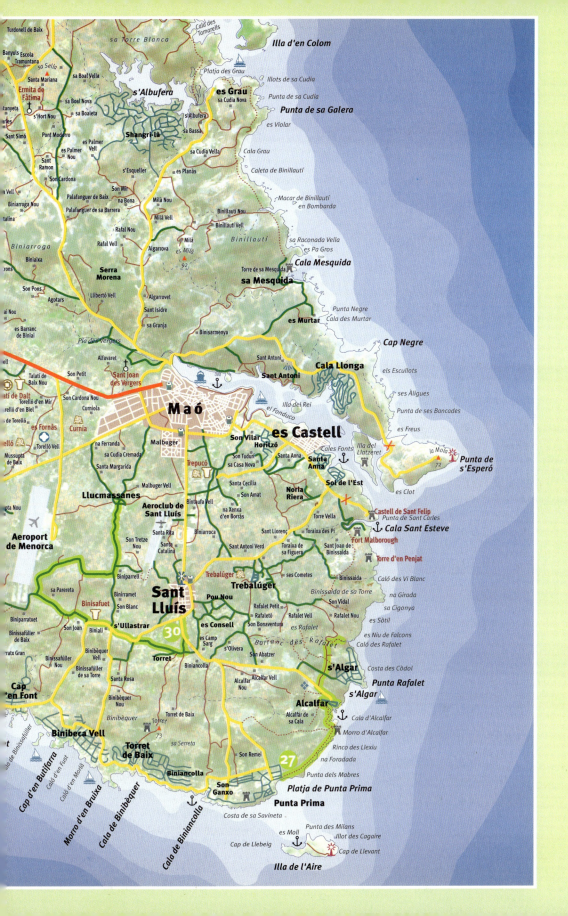

AUSFLÜGE ZU FUSS ODER MIT DEM FAHRRAD

26
Forma Nou
Caparrot de Forma

Von der Landstraße nach **Cala Canutells** biegen wir auf Höhe des Casa de Forma Nou nach links ab. Nun gehen wir ein kleines Stück zur Steilküste, wo wir Steinzeithöhlen besichtigen können und zur Landspitze Morro d'en Toni gelangen, die die Umgebung beherrscht und die uns von rechts nach links einen Ausblick auf die menorkinische Südküste bietet.
• ZEIT: ca. 30 min (Hin- und Rückweg)

27
Punta Prima
Barranc de Rafalet

Vom (in Richtung Meer gesehen) linken Ende des Strandes aus folgt man der Küstenlinie bis zu einem alten Festungsturm und dem **Caló Roig**. Auf dem Weg können wir eine schöne Aussicht auf die **Illa de l'Aire** und ihren Leuchtturm genießen. Bald erblicken wir **Alcaufar** mit seinen an die Bucht und den diese begrenzenden, als Es Torn bekannten Fels gelehnten Häusern. Zurück auf der Landstraße nach Sant Lluís nehmen wir eine Abzweigung nach rechts, die uns schnell auf die Zufahrt nach **S'Algar** führt. Wir durchfahren die Siedlung und folgen dem nicht asphaltierten Weg bis hinter die letzten Häuser, wo wir die Schlucht erreichen. Der Abstieg durch den Steineichenwald ist Balsam für mögliche Ermüdungserscheinungen. Die Wände der Schlucht werden beim Erreichen des Meeres zu einer beeindruckenden Steilküste. Statt einer Bucht lädt hier eine kleine Wasserzunge zum Bad ein.
• ZEIT: ca. 3 h (Hin- und Rückweg)

28
Sant Climent
Camí de Cotaina
Torre Llisà

Diese Route führt uns die typische Agrarlandschaft und ihre Architektur in einer seit langem kaum veränderten Region vor Augen. Wir fahren bis zu den Häusern von Algendar, wo wir nach links abbiegen. Von hier aus führt der Weg über Son Orfila und Montple allmählich hinauf zum höchsten Punkt von **Cotaina**. Wir kreuzen die Landstraße von Alaior nach Cala en Porter und fahren weiter bis zum Hof **Torre Llisà**, wo uns eine Hinweistafel die Existenz seiner merkwürdigen taula anzeigt. Man sollte das Auto an der Einfahrt parken und zu Fuß weitergehen, um die Arbeit auf dem Hof nicht zu stören.

29
Cales Coves

Wir verlassen die Landstraße von Sant Climent nach Cala en Porter auf dem Zubringer zur Siedlung Son Vitamina. Es ist empfehlenswert, das Auto auf dem neuen Abschnitt zu parken und zu Fuß hinunterzugehen. Die beeindruckende Ansammlung von **Grabhöhlen** in den Steilwänden macht die doppelte Bucht noch schöner, als sie ohnehin schon ist. Viele der Höhlen sind im Sommer und einige sogar ganzjährig besetzt, weshalb Maßnahmen zu ihrem Schutz erwogen werden. Die ganze Nekropolis ist als kunstgeschichtliches Nationaldenkmal eingestuft.
• ZEIT: ca. 1 h (Hin- und Rückweg)

30
Sant Lluís
Llucmassanes und weiler

Wir verlassen Sant Lluís in Richtung **Punta Prima**. Die erste Abzweigung nach rechts stellt die Einfahrt zum pittoresken Weiler **Torret** dar, dessen Äußeres sorgfältig bewahrt wurde. Wir durchfahren ihn und gelangen zur Landstraße, die von **Binibeca** nach **Binisafuller** führt. Ihr folgen wir über **S'Ullastrar** bis zum talaiot von **Binisafuet**, bei dem kürzlich auch eine kleine taula ausgegraben wurde. Von hier aus schlagen wir einen asphaltierten Weg nach rechts ein und biegen kurz hinter dem Restaurant "Sa Parereta" erneut nach rechts ab, um so zur Kreuzung von **Biniparrell** zu gelangen und die alte "Volta d' es Milord" zu vollenden. Von der Kreuzung aus fahren wir nach links in die kleine Ortschaft **Llucmassanes**. Möchte man nicht nach Sant Lluís zurückkehren, dann führen von hier zwei Wege zur Landstraße von Maó zum Flughafen. Macht man den Ausflug auf dem Fahrrad, so erledigt sich das Problem der Einfriedungen, die dem Autoinsassen auf einigen Streckenabschnitten die Sicht beeinträchtigen.

Cales Coves

*Die **Cales Coves** (Höhlenbuchten) verdanken ihren Namen den vielen, in prähistorischer Zeit in ihre Wände gegrabenen Löcher. Man nimmt an, daß sie ursprünglich als Grabstätten dienten, in der näheren Vergangenheit wurden sie aber mitunter auch als provisorische Behausungen genutzt. Kürzlich wurde hier ein Wiederherstellungsprogramm gestartet, um die archäologisch interessanten Höhlen auch Besuchern zugänglich zu machen. Wegen des Charmes der windgeschützten Buchten liegen hier oft Sportboote vor Anker (s. Ausflug Nr. 29 auf S. 98).*

*Der Ort Cala **Canutells** hatte in der letzten Zeit ein starkes Wachstum zu verzeichnen. Anwohner von Sant Climent und Maó waren die ersten „Siedler" an diesem Strand, der im Laufe der Zeit jedoch seinen familiären Charakter den neuen Gegebenheiten anpassen mußte.*

*Auch in **Caparrot de Forma** (s. Ausflug Nr. 26, S. 98) verändert sich die bis jetzt unbewohnte Landschaft. Die Höhenlage erlaubt einen herrlichen Rundblick.*

Folgt man der Küstenlinie auf dem Meer, so lassen sich unter und an den steilen Felswänden zahlreiche Höhlen entdecken, in denen Wildtauben zu nisten pflegen.

Canutells
Caparrot de Forma / Binidalí

*Einen weiteren hervorragenden Aussichtspunkt über diesen Abschnitt der Südküste stellt der Fels dar, der **Binidalí** westlich begrenzt. Der Strand ist hinsichtlich der Abmessungen der Bucht zwar klein, verfügt aber über Felsvorsprünge, die von den Badegästen als Sprungflächen genutzt werden.*

In **Biniparratx** zeichnet das Meer einen Winkel zwischen den hohen Wänden der Steilküste, was die Bucht zu einem guten Ankergrund für Notfälle macht. Schluchteinwärts finden sich Höhlen wie die von Cales Coves.

Ab dem **Cap d'en Font** reiht sich entlang der Küste von Sant Lluís eine Siedlung an die andere. Die Bucht von **Binissafúller** (im Vordergrund) ist einer der Orte, an denen sich bis vor kurzem lediglich einige Wochenendhäuser befanden, die inzwischen aber von Ferienhäusern umgeben sind.

Binibèquer
Biniparratx / Cap d'en Font
Binisafúller / Cala Torret

Das Museumsdorf **„Poblado de Pescadores de Binibeca Vell"** („Fischerdorf Neu-Binibeca") wird wegen seiner interessanten Architektur vielbesucht. Man hat sich hier bemüht, die typischen, volkstümlichen Wohngebäude des Mittelmeerraums in authentischer Weise nachzubauen.

Der nicht weit vom obengenannten Ort entfernte Strand von **Binibèquer** ist ein angenehmer Sandstrand, der durch eine Landspitze mit dem Namen Morro d'en Xua geschützt wird. Kurz dahinter liegt die kleine **Cala Torret** mit der gleichnamigen Siedlung.

Binibèquer

Biniancolla ist die letzte kleine, klar nach Süden weisende Bucht. Die ältesten Gebäude sind teilweise über dem Wasser errichtet, so daß die Boote in die unterste Etage einfahren können.

Punta Prima wurde von den Briten mit dem passenden Namen „Sandy Bay" (Sandige Bucht) getauft. Der traditionell von menorkinischen Sommergästen frequentierte Ort wuchs nach der Eröffnung eines großen Hotels. Momentan ist die Modernisierung der Infrastruktur im Gange.

Punta Prima
Biniancolla / Illa de l'Aire
Alcalfar

Die **Illa de l'Aire**, deren höchster Punkt – dort, wo der Leuchtturm steht – sich nur knapp 15 m über den Meeresspiegel erhebt, ist in vielerlei Hinsicht einzigartig. Herausragend ist die Tatsache, da sie eine nur hier heimische schwarze Echsenart beherbergt.

In der kleinen **Cala Alcalfar**, wo schon früher bereits einige Bewohner Sant Lluís' ihren Urlaub zu verbringen pflegten, entstand das erste speziell auf den Tourismus ausgerichtete Hotel der Insel. Der Wachturm zeigt die strategische Bedeutung an, die die Bucht einst besaß.

S'Algar hat Tradition. Die Siedlung befindet sich auf einer vom Meer gezeichneten steinigen Landzunge und gleicht das Fehlen eines Strandes mit einer breiten Palette verschiedenster Dienstleistungen aus. Dahinter befindet sich die Cala Rafalet.

In der Bucht **Cala Rafalet** ist der Sandstrand kaum groß genug, um darauf ein paar Handtücher auszubreiten. Das letzte, mit Steineichen bewachsene Stück des Steilhangs und der Blick über die schroffen Klippen sind jedoch Grund genug für einen Abstecher zu dieser Bucht

Cala Rafalet
s'Algar / Cala Sant Esteve
la Mola de Maó

Die **Cala de Sant Esteve** ist von alten Festungsanlagen umgeben. Die (rechts im Bild befindlichen) des Fort Marlborough können seit ihrer kürzlichen Restaurierung besichtigt werden, genauso wie die des Militärmuseums, das in einem der wenigen noch erhaltenen Gebäude des legendären Castell de Sant Felip eingerichtet wurde.

Am Felsen **Mola de Maó** endet unserer Ausflug. Die alten Festungen, die darauf stehen, haben zwar aufgrund ihrer Größe und Lage ihr abschreckendes Aussehen bewahrt, sind jedoch heute nicht mehr von strategischer Bedeutung. Die Landspitze Punta de s'Esperó gibt heute vielmehr das Bild eines friedlichen Wächters, der die Insel und ihre Kleinode beschützt.

Ausflüge mit dem Auto

1 Von Maó nach Son Parc

▸ La Mola ▸ Cala Mesquida ▸ Es Grau
▸ Favàritx ▸ Addaia ▸ Na Macaret
▸ Arenal d'en Castell ▸ Son Parc

Die Fahrt beginnt am inneren Ende des Hafens, **Sa Colàrsega**, von wo aus man über die PM-710-1 zur Festung Isabel II, „**La Mola**", gelangt. Die Landstraße führt oberhalb der Ferienhäuser von Cala Rata und Cala Sant Antoni hinter dem Elektrizitätswerk und der Marinebasis entlang; ganz in der Nähe liegt die berühmte „**Golden Farm**", eine Erholungsvilla, von der gesagt wird, sie sei zeitweise von Lord Nelson bewohnt worden. Ihre im Kolonialstil und im typischen „englisch-rot" gehaltene Fassade läßt sich besser von der anderen Seite des Hafens aus ausmachen, während wir von unserem Standort oder von der Siedlung **Cala Llonga** aus einen kompletten Überblick über Maó und Es Castell genießen können.

Etwas später gelangen wir an die Tore der während der Herrschaftszeit Elisabeths II. als Ersatz für das zerstörte Castell de Sant Felip, das sich am gegenüberliegenden Ufer befand, gebauten Festung. Der Zugang ist allerdings nur mit einer Sondererlaubnis der Militärverwaltung möglich.

Von diesem Punkt, der Landenge von **Els Freus** aus können wir die Mauer ausmachen, die das **Llatzeret** umgibt. Seit der Eröffnung des Alfons-XII- bzw. Sant-Jordi-Kanals im Jahre 1900 befindet es sich auf einer Insel. Auf dem Rückweg zur Abzweigung nach rechts in Richtung Sa Mesquida läßt sich die Gegend insgesamt besser überblicken. Wir befinden uns auf einer mit flacher, widerstandsfähiger Vegetation bewachsenen Hügelgruppe, wo man, wie es heißt, die beste Kamille der ganzen Insel findet.

Sa Mesquida verfügt über eine Gruppe Ferienhäuser mit Liegeplätzen in der kleinen Bucht **Sa Raconada**, und etwas weiter entfernt liegt der Strand, dem es seinen Namen verdankt. Das Panorama wird von einem mächtigen Wachturm aus dem 18. Jh. beherrscht. Von hier aus kehren wir zum Hafen von Maó zurück, um uns auf der PM-710-2 der zweiten, nach **Es Grau** führenden Etappe zuzuwenden.

Diese Landstraße geht kurz hinter den zur Linken liegenden Gärten des **Pla des Verges** bzw. de Sant Joan von der PM-710 (Richtung Fornells) ab. Die Straße führt über hügeliges Gelände nach Norden und endet direkt bei **Es Grau** und seinen Stränden. Von hier aus kann man mit einem Boot sogar zur außerhalb der Bucht gelegenen **Illa d'en Colom** übersetzen. Das malerische Bild wird vom nahegelegenen, biologisch und landschaftlich interessanten Feuchtgebiet **S'Albufera** noch ergänzt. Nun folgen wir dem Weg, bis wir zur Kreuzung mit der PM-710 gelangen und folgen dann dieser Landstraße, bis wir bei km 8 an der Wallfahrtskapelle **Ermita de Fàtima** vorbeikommen.

500 Meter vom angegebenen Punkt entfernt biegen wir nach rechts auf die PM-715 ab. Als Wegweiser dient uns ein merkwürdig anmutender, einsam auf der Ebene stehender Fels, der den Namen **Sa Sella** ("Der Reitsattel") trägt. Am Ende dieser Landstraße erreichen wir das **Cap de Favàritx** mit dem gleichnamigen Leuchtturm. Der letzte Abschnitt ist zwar in einem nicht sehr guten Zustand, aber die Fahrt wird mit dem Anblick der vom Meer gestalteten, außergewöhnlichen schwarzen Schieferlandschaft belohnt. Ein nicht asphaltiert Weg führt weiter zu den Stränden **Platja de Presili** und **Platja de Tortuga**.

Einmal mehr fahren wir in die Richtung zurück, aus der wir gekommen sind, um bei km 5 der PM-710 wiederum nach rechts abzubiegen. Der Weg, den wir einschlagen, führt uns nacheinander nach **Port d'Addaia** - eine enge, über 3 km lange, sich in einem herrlichen Wald hinein erstreckende Bucht - das Feriendorf **Na Macaret** - von jeher der bevorzugte Urlaubsort der Alaiorenser, die hier Häuschen und Boote haben - und zur Siedlung **Arenal d'en Castell** mit

Taula de sa Torreta

ihrem Strand und ihren Hotels, die im Zuge der kürzlichen sprunghaften Entwicklung des Tourismus entstanden sind.

Auch **Son Parc** ist ein bedeutendes Touristenzentrum. Hier befindet sich unter anderem der einzige sich in Betrieb befindliche Golfclub Menorcas sowie verschiedene Appartmentblocks, die den herrlichen Strand **Son Saura del Nord** oder Arenal de S'Olla umgeben. Wir beenden den Ausflug, indem wir auf der Alternativroute, die uns der **Camí Vell d'Alaior**, der alte Weg nach Alaior (auf den wir dort einbiegen, wo wir vorher nach Macaret und Addaia abgebogen waren) und der **Camí d'en Kane** bieten. Hier sehen wir nach unserem Ausflug an die Küste auch etwas von der Landschaft des Inselinneren, entdecken Steineichen- und Pinienwälder, Bauernhöfe und alte „Herrenhäuser".

2 Von Alaior zum Cap de Cavalleria

- Monte Toro ▸ Binimel.lá
- Pregonda ▸ Cavalleria
- Cala Tirant ▸ Fornells ▸ Sa Roca

Ausgangspunkt dieser Route ist der höhergelegene Teil Alaiors, wo der alte (inzwischen aber restaurierte und asphaltierte) **Camí d'en Kane** vor dem Stadtfriedhof entlangführt. Schon nach kurzer Zeit sehen wir, wenn wir uns auf diesem Weg in Richtung **Es Mercadal** bewegen, den **Monte Toro**. Wir fahren weiter durch einige Steineichenbestände und über die Ebene des **Pla d'Alaior**, aus der merkwürdige Felsformationen aufragen. In dieser Gegend ist die Viehzucht von großer Bedeutung.

Von Es Mercadal aus machen wir uns über eine kürzlich restaurierte, gewundene Straße auf den Weg hinauf zum höchsten Punkt der Insel. Dieser Besuch ist ein Muß sowohl wegen der Höhe als auch wegen der Lage im Inselzentrum, die es möglich machen, ganz Menorca zu überblicken. In der Wallfahrtskapelle wird die Schutzheilige der Insel, die **Mare de Déu del Toro**, verehrt.

Auf dem Weg zurück in Richtung Es Mercadal fahren wir an der Abzweigung nach Fornells vorbei und statt dessen in den Ort hinein, wo wir Wegweiser zu den „Platges Costa Nord", den Stränden der Nordküste, entdecken. So gelangen wir auf den **Camí de Tramuntana**, der uns den ländlichen Charakter des Bezirks verdeutlicht und von Hügel zu Hügel weite Aussichten beschert. Hier wird die Sicht nicht, wie auf anderen Landstraßen, von Mauern behindert. Die Farbenpalette ändert sich natürlich je nach Jahreszeit, büßt aber ihre Attraktivität nie ein.

Die Fahrtrichtung und die neuen Wegweiser sind eindeutig: wir bewegen uns in Richtung **Binimellá** und **Pregonda**. Die letztgenannte Bucht, die „Perle der Nordküste", besuchen wir jedoch nur, wenn wir genügend Zeit haben, da sie nur zu Fuß erreichbar ist (s. S. 56). Binimel.lá allein ist auch schon den Anfahrtsweg wert und bietet die Möglichkeit zu einem Bad im Meer oder einer Erfrischung am Strandkiosk.

Den nächsten Stopp legen wir am **Cap de Cavalleria** ein, einem beeindruckenden Ort, an dem die Auswirkungen des Nordwinds Tramuntana deutlich wahrzunehmen sind. Der spärliche Bewuchs des felsigen Geländes, das von einem Leuchtturm beherrscht wird, wird regelmäßig von den Ziegen abgefressen. 90 Meter hoch erhebt sich die Steilküste hier über das Meer, und so bietet sich eine exzellente Aussicht über den ganzen Küstenabschnitt. Kurz vor der Ankunft konnten wir - bereits auf dem asphaltierten Streckenabschnitt - zur Linken den kleinen Hafen von **Sa Nitja** ausmachen, wo sich früher erst eine phönizische und dann eine römische Siedlung befanden. Die Landspitze Es Brau, die den Hafen auf der anderen Seite begrenzt, heißt wegen des sich dort erhebenden Wachturms auch **Sa Torre**. Ganz in der Nähe befindet sich die Ruine einer frühchristlichen Basilika.

Schon auf dem Weg nach Fornells können wir einen Halt in **Cala Tirant** machen. Hier gibt es einen Strand und ein Feuchtgebiet, und es wird kräftig gebaut.

Fornells ist der sicherste Hafen der Nordküste. In der weiten Bucht kann man surfen, ohne den Wind fürchten zu müssen. Aus dem ehemaligen kleinen Fischerdorf ist durch den Tourismus eine regelrechte Stadt geworden. Ein Spaziergang durch die ältesten Straßen ist angenehm, und an der Flußmündung kann man einen alten Wachturm aus der Zeit der britischen Besatzung besuchen, der jetzt einen guten Aussichtspunkt darstellt. Und auch das typische Gericht, den **Langustereintopf**, der in sämtlichen Restaurants der palmengesäumten Promenade serviert wird, sollte man sich nicht entgehen lassen.

Wir verlassen Fornells auf der C-723 (in Richtung Mercadal), biegen dann aber auf die PM-710 (Richtung Maó) ab, die uns zur Zufahrtsstraße nach **Sa Roca** führt. Auf dieser Straße, an deren Beginn sich die alte Wallfahrtskapelle **Santa Ester** befindet, durchqueren wir ein sehenswertes Waldgebiet und gelangen schließlich nach Alaior, dem Zielpunkt unserer Route.

Fornells

3 Die Umgebung von Ciutadella

- Punta Nati ▸ Cala Morell
- Algaiarens ▸ Cap d'Artrutx
- Cala en Bosc ▸ Son Xoriguer
- Cala Turqueta ▸ Cala Macarella

Von Ciutadella aus kann man unmöglich auf einer einzigen Route das Binnenland und die drei Küsten des Gemeindegebiets im Norden, Westen und Süden kennenlernen. Für jede der im folgenden beschriebenen Routen muß man in den Ort zurückkehren.

Die erste beginnt bei der ehemaligen Festung Bastió de Sa Font und führt zunächst auf der PM-720 bis zur **Punta Nati**. Der Straßenbelag ist auf dieser Strecke in einem ziemlich schlechten Zustand, aber die Landschaft, die wir zu sehen bekommen werden, ist die Mühe durchaus wert: trostlos, wenn man erst einmal die Gärten und Geräteschuppen hinter sich gelassen hat, auf die man zunächst trifft, aber auch beeindruckend eben wegen ihrer Härte. Hinter dem Gut **Torre Vella**, in dessen Nähe sich einige talaiots befinden, gibt es nur noch Steine und Felsen, soweit das Auge reicht. Der Leuchtturm und die verlassenen Kasematten zu seinen Flanken beherrschen die Küste, deren Gestalt und Geschichte als dramatisch bezeichnet werden kann - letztere wegen der zahlreichen Schiffbrüche, die hier stattgefunden haben. Hier besteht übrigens durchaus eine Chance, einige Paare des im restlichen Archipel bereits ausgestorbenen Schmutzgeiers im Flug zu beobachten. Darüber hinaus fallen die ponts, merkwürdige Bauten, die dem Vieh als Unterstand dienen, ins Auge. Kurz vor dem Leuchtturm gibt es ein sehr großes Exemplar (das nach außen sieben Ebenen aufweist), mit einem perfekten Gewölbe in seinem Inneren, das von seinem Erbauer gezeichnet und mit der Jahreszahl 1857 versehen wurde.

Für die zweite Route verlassen wir das Industriegebiet von Ciutadella in Richtung **Cala Morell** und **Algaiarens**. Die sich am Anfang dieses alten Camí de la Vall befindlichen ehemaligen Geräteschuppen dienen inzwischen als Wochenendhäuser und verfügen über Gärten und Obstbäume. Wenn wir den Festungsturm **Torre d'en Quart** ausmachen können, befinden wir uns bereits im Bereich der großen Gutshöfe. Hinter dem Turm nehmen wir die Abzweigung zur Siedlung **Cala Morell**. Schon bei der Ankunft sind dort die ersten, über die Wände der Schlucht verteilten Höhlen der prähistorischen Nekropolis zu sehen, die teilweise durchaus mühevoll erarbeitete Zugänge aufweisen. Gewaltige, steile Felswände schützen die Bucht.

Wir kehren zur Kreuzung zurück, an der wir abgebogen waren, und fahren in der ursprünglichen Fahrtrichtung weiter nach **La Vall d'Algaiarens**. Dort besuchen wir einen großen Gutshof, deren Besitzer Familien aus Ciutadella, die in der Nähe des herrlichen Strandes im Wald zelteten, das Campen erlaubten. Inzwischen ist der Zugang nur noch bis 19 Uhr gestattet, nach wie vor kann man hier aber parken und die Umgebung genießen. Der dichte Pinienwald und das Feuchtgebiet wurden in die neue Liste ökologisch und landschaftlich interessanter Gebiete aufgenommen.

Kehren wir aber nach Ciutadella zurück: Nunmehr verlassen wir die Stadt nach Süden auf der PM-721, die in der Nähe des Plaça dels Pins beginnt und parallel zur Ostküste verläuft. Rechts und links entlang der ganzen Straße stehen Häuser, und das Land ist ausgesprochen flach, ganz anders als das, was wir bisher in dieser Gegend kennengelernt haben. Hinter der Siedlung **Cala Santandria** können wir einem Zwischenstopp einlegen, um **Cala Blanca**, den schönsten Strand der Gegend zu sehen; unser

Sant Joan de Missa

eigentliches Ziel aber ist das **Cap d'Artrutx**. Kurz vor dem Ende der Landstraße biegen wir auf die Straße ab, die um die Siedlung herumführt und auf der wir entlang der Küste zum Leuchtturm gelangen. Er ist - im Gegensatz zu dem der Punta d'en Nati an der Nordküste - sehr niedrig und ragt kaum über den Meeresspiegel hinaus; seine Umgebung ist deswegen aber nicht minder steinig. An einem klaren Tag - also an fast allen Tagen - ist Mallorca in der Ferne auszumachen. Haben wir den Leuchtturm hinter uns gelassen, so können wir die Siedlungen **Cala en Bosch** und **Son Xoriguer** durchfahren, um zum Strand zu gelangen, der diesen letzten Namen trägt. Er verfügt über feinen weißen Sand, der ihn von den Stränden im Süden unterscheidet. Mit einem Bad können wir den Ausflug beenden.

Den letzten der Ausflüge, die wir vorschlagen, unterteilen wir in drei

"Pont" in der Nähe von Punta Nati

AUSFLÜGE MIT DEM AUTO

Abschnitte ausgehend von der Achse, die der in Ciutadella am Canal Celat beginnende **Camí Vell de Sant Joan** darstellt.

(1) Zunächst schlagen wir auf der Höhe von Son Vivó den Seitenweg ein, der zum Strand **Son Saura** führt, und besuchen die archäologische Fundstätte von **Son Catlar**, wo sich eine *taula*, *talaiots* und eine die Siedlung umgebende Zyklopenmauer befinden. Der Besuch des Strandes ist wegen der Schwierigkeiten, die die Zugangskontrolle aufwirft, nicht unbedingt die Mühe wert, es sei denn, man möchte mehrere Stunden oder den ganzen Tag dort verbringen.

(2) Dann lassen wir den Seitenweg hinter uns und fahren weiter zur Wallfahrtskapelle **Sant Joan de Missa**, um dort in einen zweiten Seitenweg (Camí de Son Camaró) Richtung **Cala Turqueta** abzubiegen. Der asphaltierte Teil endet zwar beim Gutshof Sa Marjal Nova, der direkt beim Strand befindliche Parkplatz ist jedoch problemlos zu erreichen. Der Steineichenwald, der sich (bereits auf dem Gelände der Finca de Sant Francesc) in der Schlucht ausbreitet, betont den Charme der wunderschönen kleinen Bucht zusätzlich.

(3) Nach der Rückkehr zur Kapelle, auf deren mit Zinnen versehene Fassade wir hinweisen möchten, geht es zu einem Weg, an dem nur wenige Gebäude stehen, da er durch weitläufige, landwirtschaftliche Nutzflächen hindurchführt, weiter nach **Macarella** und **Macarelleta**. Bei Torralba endet die Asphaltierung. Die beiden genannten Buchten sind von dichten Pinienhainen umgeben, und im Sommer öffnet hier ein kleiner Kiosk. Auf der Rückfahrt bietet uns der Weg einen weiten Ausblick auf Ciutadella und Umgebung.

Bevor wir diese Erläuterung abschließen, möchten wir noch eine Empfehlung aussprechen: Sofern Sie die Landstraße C-721 von Ciutadella nach Maó befahren, besuchen Sie unbedingt die **Naveta des Tudons** und die Siedlung **Torre Llafuda** (s. S. 20 im Kapitel "Archäologie"). Beide Wege sind ausgeschildert.

4 Von Es Mercadal nach Cala Galdana

▸ Es Mercadal ▸ Es Migjorn
▸ Sant Tomàs ▸ Sant Adeodat
▸ Ferreries ▸ Cala Galdana

Die Landstraße von Es Mercadal nach Es Migjorn führt durch eine Senke zwischen zwei hohen Hügeln, die ihr ein wenig den Charakter einer Gebirgsstrecke verleiht. Sie beginnt in einem Pinienhain, der den beschriebenen Eindruck noch verstärkt, an der Kaserne, die sich vor den Toren des erstgenannten Ortes befindet. Entlang der Strecke sehen wir einige Häuser, die auf spitz zulaufenden Anhöhen stehen, die zweifellos einen besseren Überblick über die umliegenden Ländereien gewährleisten sollen. Der letzte Abschnitt vor der Ankunft in **Es Migjorn** verläuft parallel zur Schlucht **Barranc de Binigaus**, deren steile Hänge für Terrassenfelder genutzt werden. Der Ort ist vor der Weiterfahrt zu den touristisch erschlossenen Stränden von **Sant Tomàs** und **Sant Adeodat** durchaus einen Besuch wert.

Auf dem abschüssigen Streckenabschnitt hinab zu den genannten Stränden treffen wir auf die Abzweigungen zu den prähistorischen Siedlungen **Santa Mònica** (zur Linken) und **Sant Agustí** (zur Rechten). In Sant Agustí befindet sich ein interessanter hohler talaiot, dessen Kuppel von einer mittigen Säule gestützt wird.

Bevor wir uns, wieder von Es Migjorn aus, auf den Weg nach Ferreries machen, können wir auch noch die talaiots von **Binicodrell de Darrera** besichtigen. Diese Finca befindet sich am Beginn des alten Camí de Binigaus, der am Friedhof beginnt. Später kehren wir auf die ebenfalls schon recht alte Landstraße zurück, die durch eine hübsche Landschaft führt. Bei der Ankunft in **Ferreries**, kurz hinter der Abzweigung zu den Häusern von **Son Mercer** (Wegbeschreibung s. S. 86), haben wir die Möglichkeit, die Gegend vollständig zu überblicken.

Wir verlassen den Ort auf der C-721 in Richtung **Cala Galdana** und biegen kurz dahinter auf die PM-714 ab. Es handelt sich um eine gute Straße, die recht steil ansteigt und auf ihrem Verlauf zwischen den Schluchten von **Algendar** und **Trebalúger** den Ausblick auf ausgedehnte Pinienwälder erlaubt. Wir treffen auf eine Abzweigung, die zu einem Campingplatz führt (von dem aus man nach Cala Trebaluger gelangt), und etwas später auf die nach **Cala Mitjana**. Auf Höhe der ersten Häuser von **Cala Galdana** führt die Straße steil hinab direkt zum Strand. Er befindet in einer bewaldeten Umgebung, die durch eine Steilwand vom offenen Meer getrennt ist. Die Mündung des Meeresarms **Barranc d'Algendar** wird als Anleger für kleinere Boote genutzt. Trotz der Vermassung durch eine Vielzahl von Hotels und Apartmentgebäuden bewahrt sich dieser Ort einen Charme, den andere an der Südküste nicht erreichen.

Sant Adeodat

5 SÜDOSTROUTE

▸ Talatí ▸ Rafal rubí ▸ Son bou
▸ Torre d'en Gaumés
▸ Torralba d'en Salord ▸ So na Caçana
▸ Cala en Porter ▸ Sant climent
▸ Canutells ▸ Binibèquer ▸ Sant lluís
▸ Punta prima ▸ Alcalfar ▸ Sant esteve

Auf dieser Route können wir mehrere archäologische Fundstätten besuchen. Die erste finden wir in **Talatí de Dalt**, wenn wir auf der C-721 von Maó in Richtung Alaior fahren. Die Abzweigung zu der vorgeschichtlichen. Siedlung geht kurz hinter der zum Flughafen nach links ab. Herausragende Elemente des Denkmals sind eine taula, an die ein Seitenpfeiler gestützt ist, und ein großer talaiot mit rundem Grundriß. Auf dem Weg zurück zur Landstraße können wir noch die nahegelegenen zwei navetas von **Rafal Rubí** besichtigen. Dazu biegen wir nach rechts ab.

Hinter Alaior kreuzen wir den Seitenweg nach **Son Bou**, dem längsten Strand der Insel. Durch den Ausbau von **Es Prat** ist ein großer Teil des ausgedehnten Feuchtgebiets, das sich hinter dem Strand erstreckt und in dem einst sogar Reis angebaut wurde, zerstört worden. Trotzdem ist es durch die Weite der Landschaft noch möglich, von der Anhöhe **Sant Jaume** aus die beiden großen Hotelblöcke am Horizont gedanklich „auszuradieren" und eine idyllische Variante der Umgebung zu genießen. Neben den üblichen touristischen Dienstleistungsbetrieben befindet sich hier ein kleiner Wasservergnügungspark sowie am Ende des Strands die sehenswerte frühchristliche Basilika (s. S. 20 und 86) sowie - in der Felswand - einige von Menschenhand geschaffene Höhlen.

Auf dem Rückweg fahren wir zu einer der vollständigsten archäologischen Siedlungen, nämlich der von **Torre d'en Gaumés**. Um drei große talaiots herumgruppiert befinden sich hier zahlreiche Überreste der talaiotischen Kultur: Ruinen kreisförmiger Wohnräume, kleine Wasserspeicher, Säulenhallen, eine taula, in deren Nähe die berühmte Figur **Imhoteps** (einer ägyptischen Gottheit) gefunden wurde und sogar Veränderungen der gewöhnlichen Struktur, die darauf hinweisen, daß die Siedlung zu einem späteren Zeitpunkt auch von Römern und Arabern bewohnt wurde. Von hier aus läßt sich zu Fuß das Megalithgrab von **Ses Roques Llises** erreichen.

Anschließend kehren wir nach Alaior zurück, um die Straße nach **Cala en Porter** zu nehmen. Auf dem Weg dorthin machen wir noch zweimal halt: zunächst in **Torralba d'en Salord**, wo die Arbeit der Stiftung „Fundació Illes Balears" den Besuch möglich macht (man erhält zudem sehr gut bearbeitete Informationsbroschüren), dann in **So na Caçana**, dessen *talaiot*, auf dem sich eine topographische Meßmarkierung befindet(!), wir kurz vor der Kreuzung mit der Landstraße nach Sant Climent zu sehen bekommen. Obwohl nicht „urbanisiert", bietet auch diese Fundstätte dem Besucher eine sehenswerte Struktur mit durchaus bemerkenswerten Elementen. Zwischen beiden kann schließlich auch noch die *taula* von **Torre Llisà Vell** (s. S. 22 und 98) besichtigt werden.

Cala en Porter ist ein weiterer Ort, der unter den Folgen eines unkontrollierten Wachstums zu leiden hat, die man nun zu korrigieren versucht. Die Schlucht sowie die Schönheit der Flußmündung und des breiten Strandes sind jedenfalls zu sehen und zu genießen. Auf halber Höhe der östlichen Steilwand befindet sich, dem offenen Meer zugerichtet, die Höhle **Cova d'en Xoroi**, die nachmittags besichtigt werden kann (und nachts als Disco mit spektakulären „Mondaufgängen" als Attraktion fungiert). Die Legende besagt, daß hier einst ein Maure mit abgeschnittenen Ohren - xoroi - entdeckt wurde, der sich ins Meer stürzte, um nicht versklavt zu werden.

Nach der Besichtigung von Cala en Porter fahren wir über **Sant Climent** nach **Cala Canutells**. Auch Cala Canutells befindet sich am Ende einer Schlucht und weist

die typischen Merkmale eines Touristenzentrums auf. Tatsächlich sind alle Buchten und Strände der Gemeinde **Sant Lluís**, mit der wir uns jetzt beschäftigen werden, von Feriensiedlungen umgeben. Einige sind älter, andere neuer, und gemeinsam formen sie eine lange Kette kleiner weißer Häuser, die sich zwischen **Binidalí** und der **Punta Prima** parallel zur Küste entlangschlängelt und die spärliche Vegetation des Küstengebiets hinter sich verbirgt. Im Hintergrund sind größere Häuser, einige mit edel wirkenden Fassaden auszumachen, die aufgrund ihrer priveligierten Lage auf den Anhöhen eine schöne Aussicht auf das Mittelmeer bieten.

In **Cala Binidalí** befindet sich oben auf der steilen Felswand ein herrlicher Aussichtspunkt. Die Bucht ist neben **Biniparratx**, der direkt dahinterliegenden, die tiefste Bucht der ganzen Küste und birgt eine lange Flußmündung. In beiden Buchten lassen sich Begräbnishöhlen ausmachen, die für den hier endenden Küstenabschnitt typisch sind. Nunmehr wird der Küstenverlauf gerader und - ab dem **Cap d'en Font** - immer flacher. Wir fahren weiter und passieren die Buchten von **Binisafúller**, **Binibéquer** (die größte der drei) und **Biniancolla**, die allesamt über einen Kiosk oder nahegelegene Gaststätten und Restaurants verfügen. Bevor wir die zweite erreichen, machen wir die sehenswerte Siedlung Binibeca Nou aus, wo man versucht hat, die typischen Strukturen der alten Fischerdörfer zu rekonstruieren. Der letzte Strand dieses Abschnitts ist der Strand von **Punta Prima**, der Südostspitze der Insel. Ihm gegenüber liegt die von einer einheimischen schwarzen Eidechsenart bevölkerte Insel **Illa de l'Aire** mit ihrem Leuchtturm.

In der Gemeinde Sant Lluís könnten wir außerdem noch **Cala Alcalfar** und **S'Algar** besuchen, indem wir von der Straße, die von der Punta Prima in den Ort führt, abbiegen. Cala Alcaufar zählt zu den älteren Touristenzentren, während S'Alfar ein neuerer Hotel- und Appartmentkomplex ist, der seinen Besuchern viel zu bieten hat.

Die letzten Zwischenstopps vor der Rückkehr nach Maó sollen **Cala Sant Esteve**, wo die restaurierte **Marlborough-Schanze** besichtigt werden kann, und **Es Castell** sein. Und wenn wir Hunger verspüren und bereits die Zeit zum Abendessen gekommen ist, besuchen wir eines der Restaurants von **Cales Fonts**.

AUSFLÜGE MIT DEM AUTO

Cala Alcalfar

Binibeca Vell

Informationen und Empfehlungen

Dieser Anhang dient zur Ergänzung der vorangehenden Informationen, sie verhelfen dem Besucher, die Insel und ihre Traditionen von Grund auf kennenzulernen. Die hier bereitgestellten Informationen erheben keinen Anspruch auf Vollständigkeit. Was die Gültigkeit der angegebenen Adressen angeht, die sich zuweilen ändern, können diese bei den entsprechenden Einrichtungen erfragt werden.

KUNST UND KULTUR

Menorca hat schon immer auf jene, die sich um die Gunst der Musen bemühen, eine besondere Anziehungskraft ausgeübt. Einheimische und ausländische Künstler haben im Laufe der Zeit immer wieder versucht, die Schönheit und den Zauber der Landschaft in ihren Werken zu verewigen.

Malerei

IInsbesondere die Maler wurden von diesem besonderen Licht inspiriert, das die ganze Insel überflutet. Deswegen ist wohl auch die Landschaftsmalerei das am stärksten vertretene Genre. Bereits im 18. Jahrhundert wirkte hier der Italiener **Giuseppe Chiesa** (1720-1789), nachdem er eine Dame aus Maó zur Frau genommen hatte. Er führte den unter dem Namen *vedutta* bekannten naturalistischen Malereistil aus Italien ein und hinterließ zahlreiche Werke, die an jene Epoche erinnern. Ebenso bedeutend ist das Werk seines Schülers **Pascual Calbó** aus Maó, dieser war nicht nur ein vortrefflicher Maler und Grafiker, sondern widmete sich außerdem dem Studium der Mathematik. Die bekanntesten Gemälde aus dem 19. Jahrhundert die Seestücke von **Font** (1811-1885) von Bedeutung, große Landschaftsgemälde, auf denen der Hafen von Maó und die Schiffe der damaligen Zeit – unter einem für den romantischen Zeitgeschmack typischen stürmischen Himmel – immer wiederkehrende Motive sind. Ebenso bedeutend ist das künstlerische Erbe des etwas jüngeren Malers **Hernández Monjo** (1862-1937), das sich gleichfalls in der Hauptsache durch Seestücke voller Licht und Farbe auszeichnet, die jedoch bereits von der realistisch-modernistischen Strömung der Jahrhundertwende beeinflußt sind.
Die zeitgenössische Malerei hat in zwei Landschaftsmalern ihre herausragendsten Vertreter gefunden: **Joan Vives Llull** (1901-1982), ein aus Maó stammender Impressionist, der die Natur in den Mittelpunkt seines künstlerischen Schaffens stellte, und **Josep Torrent** (1904-1990), ein Expressionist aus Ciutadella, der sich durch seine besonders originellen Kombinationsstil von Technik und Rhythmus bei der Wiedergabe des Inselcharakters auszeichnet.
Ciutadella ist auch die Geburtsstadt von **Maties Quetglas**, ein seit Jahren in Madrid lebender Vertreter des Hyperrealismus, der im In- und Ausland große Anerkennung gefunden hat und ein vielseitiges Repertoire unterschiedlicher Maltechniken beherrscht.

Kunstgalerien und Museen

Maó:

Die **Hernández-Mora-Sammlung**, in dem Museum befindet sich eine Bibliothek, eine Kartensammlung aus dem 17., 18. und 19. Jahrhundert, außerdem werden Gemälde, Grafiken und andere Exponate gezeigt. Sie kann in der Sala Municipal del Claustre del Carme besichtigt werden, in der auch Wanderausstellungen gezeigt werden.
Der **Kultursaal "Sa Nostra"** befindet sich in der altehrwürdigen Sant-Antoni-Kirche, S'Arraval Nr. 32. Das ganze Jahr über finden hier wechselde Ausstellungen statt.
Das **Ateneu Cientific, Literari i Artístic** hat seinen Sitz in Sa Rovellada de Dalt Nr. 25. Dort befindet sich der Vives-Llull-Saal, in  dem eine Sammlung von Zeichnungen und Gemälden sowie eine Sammlung naturwissenschaftlicher Exponate aus Menorca untergebracht sind. Hier werden außerdem Vorlesungszyklen veranstaltet, bei denen das ganze Jahr über vielerlei Themen aus Kultur und Soziologie zur Sprache kommen.
Galeria Artara. Ständige und wechselnde Ausstellungen. Straße Rosari Nr. 19.
Das **Menorca Museum** ist im ehemaligen Kloster San Francesc untergebracht. Nach Abschluß der gegenwärtigen Restaurierungsarbeiten sollen dort wichtige archäologische Exponate gezeigt werden. Darüber hinaus sind ein Saal der schönen Künste, ein Ausstellungsraum für Völkerkunde sowie eine Bibliothek geplant.

Ciutadella:

Städtisches Museum Bastió de Sa Font, in der Avda. Francesc de Borja Moll, ohne Hausnummer. Neben der historisch-archäologischen Sammlung verfügt das Museum über eine sehenswerte ethnologische Abteilung.
Sala Municipal del Roser, in der ehemaligen Kirche Iglesia del Roser, die sich in der Straße gleichen Namens befindet. Auch hier finden wechselnde Ausstellungen statt.
Diözesanmuseum. Seitengebäude des Konzilseminars, die hier ausgestellten sehr alten und seltenen Objekte haben einen hohen religiösen und historischen Wert.
Kultursaal "Sa Nostra" in der ehemaligen Sant-Josep-Kirche, Straße Santa Clara. Das ganze Jahr über werden hier wechselnde Ausstellungen organisiert.
Galeria Retxa, in der Straße Nou de Juliol Nr. 15. In dieser Galerie; Treffpunkt einer Malergruppe, werden gelegentlich Ausstellungen veranstaltet.
Pedreres de s'Hostal. Hier befindet sich ein ausgedehnter Komplex stillgelegter und in Betrieb befindlicher Steinbrüche, die von der Gesellschaft Líthica betrieben werden. Die Gesellschaft setzt sich für die Erhaltung der Steinbrüche ein. Diese befinden sich in einer Entfernung von 2 km von Ciutadella, am Camí Vell de Maó. Die empfohlenen Rundwege sind markiert.

Informationen und Empfehlungen

Es Mercadal:

Espai Hartung. Diese Galerie ist nur im Sommer geöffnet. Straße Vicari Fuxà, s/n.
Ökomuseum von Cap de Cavalleria. In einer privilegierten Umgebung gelegen, hier befindet sich das Stammgut der Hl. Therese, erhält der Besucher Zugang zur römischen Geschichte Menorcas. In dem kleinen Museum werden zahlreiche Fundstücke gezeigt, daneben werden vielfältige Aktivitäten im Rahmen der Ausgrabungen von Sanisera veranstaltet.

Alaior:

Sala Municipal d'Art Contemporani (zeitgenössische Kunst). Straße Major Nr. 11.
Galeria Arths. Straße Costa de l'Església. 11.

Es Migjorn Gran:

Johanna Byfield. Straße Sant Llorenç . 12-14.

Sant Lluís:

Es Molí de Dalt. Dieses Völkerkundemuseum mit einer reichen Sammlung alter Werkzeuge und Geräte befindet sich in einer originalgetreu restaurierten Getreidemühle. Bei starkem Wind wird die Mühle in Betrieb genommen. Es Cós Nr. 4.

Es Castell:

Pedrera d'en Robadones. "Zentrum der maritimen Tradition Menorcas". In der gewaltigsten unterirdischen Grotte werden mehr als 40 traditionelle Schiffe gezeigt. Die Anlage wird sowohl als Kulturzentrum wie auch für audio-visuelle Veranstaltungen genutzt.
Museu Militar de Sant Felip. Das Museum befindet sich in einem restaurierten Raum der ehemaligen Festung.
Museu Militar Cala Corb. Plaça Esplanada.
Museu Fort Marlborough. Cala Sant Esteve.

Musik

Die Musik – im weitesten Sinne – ist eine der beliebtesten Freizeitbeschäftigungen der Einwohner Menorcas. Das wird auch durch die zahlreichen Veranstaltungen belegt, die im Laufe des Jahres stattfinden und praktisch alle Bereiche der Musik berühren.

Oper und klassische Musik.

Die Bedeutung des Stadttheaters von Maó wurde bereits erwähnt, wo die **Amics de l'Òpera** – die Opernfreunde – jedes Jahr ihre "Setmana" – der Opernwoche – organisieren. Diese Opernwoche findet normalerweise im Frühjahr statt, in ihrem Verlauf werden abwechselnd zwei Opern aufgeführt.
Auch die Auftritte der **Joventuts Musicals** (Jugendmusikvereinigung) sind nicht zu unterschätzen. Von Oktober bis Mai organisieren sie in vierzehntäglichen Abständen Konzerte mit angesehenen Musikern, in Ciutadella montags in der Sant-Josep-Kirche, in Maó in der Marienkirche. Darüber hinaus sind die internationalen **Sommermusikfestivals** zu nennen, die in den Monaten Juli und August im Kreuzgang des Seminars von Ciutadella und im Kreuzgang des Klosters San Francesc in Maó stattfinden. An beiden Veranstaltungsorten wird die Schönheit der Konzerte durch den Zauber der alten Gemäuer untermalt.
Doch die Aktivitäten der Joventuts Musicals gehen noch viel weiter: In der zweiten Julihälfte wird in den Aules de Cultura von Maó ein internationaler Kammermusikkurs (Violine, Viola, Violoncello, Klavier) veranstaltet, und im August erfreuen sich die **Concerts d'Estiu** – Sommerkonzerte – in der Pfarrkirche von Fornells großer Beliebtheit.
Die Fundació de l'Orgue de Santa Maria (Stiftung zur Pflege der Orgel von Santa Maria) in Maó organisiert im Juli und im August einen internationalen Konzertzyklus, an dem berühmte Orgelsolisten mitwirken (diese Orgel hatten wir bereits erwähnt). Ferner kann man den **Orgelmatineen** besuchen, bei denen morgens im Sommer eine halbe Stunde Orgelmusik geboten wird, oder auch die wöchentlichen Nachmittagskonzerte.
In der Capella oder im Kreuzgang von Socors finden das ganze Jahr über - wenngleich in unregelmäßigen Abständen - Gesangs- und Orgelabende statt. Diese werden von der **Capella Davídica** dargeboten, in der unter anderem die kräftige Stimme des Baritons Joan Pons heranreifte, der inzwischen in der internationalen Opernszene hohes Ansehen genießt, worauf die Einwohner der Insel natürlich besonders stolz sind. Am gleichen Ort wird auch ein Zyklus von **Sommerkonzerten** veranstaltet.

Jazz

Diese Musikrichtung kann zwar nicht auf so weitreichende Traditionen auf der Insel zurückblicken, doch die Zahl ihrer Anhänger wächst schnell. Das ist insbesondere den Bemühungen einer Gruppe von Jazzliebhabern zu verdanken, unter denen sich mehrere ehemalige Berufsmusiker befinden. Sehr zu empfehlen sind die Sessions, die von der Karwoche an bis Ende November jeden Dienstag – und während der Sommermonate auch donnerstags – im **Casino de Sant Climent** stattfinden.

Rock - Pop

Auf der Insel gibt es zahlreiche Bands, die in den letzten Jahren von jungen Leuten gegründet wurden, die sich dieser Musik verschrieben haben. Es gibt praktisch kein Wochenende, an dem nicht ein Konzert stattfindet. Eine dieser Gruppen, **Ja t'ho diré**, ist dank ihres hohen musikalischen Niveaus in ganz Spanien populär geworden.

Volksmusik

Auch die Folkloregruppen haben Konjunktur, und sie sind auch zunehmend bei Veranstaltungen außerhalb der Insel vertreten. Auf den Volksfesten fehlen niemals die Klänge der *jota menorquina*, die gern gesungen und getanzt wird, und auch die *havaneres*-Konzerte, die an die Jahre der Auswanderung nach Kuba erinnern, erfreuen sich großer Beliebtheit.

Live-Musik

Das ganze Jahr über gibt es Jazz-, Rock- oder Volksmusikkonzerte mit einheimischen oder ausländischen Interpreten. In Maó ist der sogenannte **Estiu a Maó** – der Sommer in Maó – mit allwöchentlichen Konzerten im Claustre del Carme bereits zur Tradition geworden. Das gleiche gilt für die Konzerte in Alaior, die im August in Sa Plaça stattfinden.
In der **Bar Akelarre** im Hafen von Maó (Moll de Ponent) gibt es an den Wochenenden Live-Musik, ebenso wie während der Sommermonate in den "Design-Buden" des neugestalteten Freiluftbereichs von **S'Hort Nou**.
In Es Castell finden in der **Bar Sa Sínia** das ganze Jahr über Musikveranstaltungen statt.
In Ciutadella gibt es Live-Musik in der **Bar Clúnia**, Straße Curniola.
Neben den bisher genannten Musikangebot bietet die **Bar Salón** in Es Castell eine eizvolle und amüsante Alternative mit einem Flair von Kabarett.

Theater

Das **Teatre Principal** und die **Sala Augusta** in Maó sowie das **Teatre des Born** in Ciutadella sind die wichtigsten Bühnen für die Theateraufführungen auf der Insel. Die Gesellschaft, die letzteres Theater leitet, vergibt jedes Jahr den **Premi Es Born de Teatre**, einen Preis, der in der Welt des Theaters in katalanischer Sprache immer mehr an Bedeutung gewinnt. Die Liebe zu den verschiedenen Bühnengenres kann auf eine lange Tradition zurückblicken, was auch die vielen kleinen Theater in verschiedenen Ortschaften belegen, die seit Ende des 19. Jahrhunderts ihre Vorstellungen geben. In diesen Theatern sind es oft Laienspielergruppen, die ihren Mitbürgern zuweilen sehr anspruchsvolle Aufführungen anbieten. Angesichts des großen Zuspruchs, den die Aufführungen trotz der geringen Bevölkerungsdichte finden, scheint ihr Fortbestehen gesichert zu sein. In Ciutadella ist es beispielsweise schon zur Tradition geworden, alljährlich zu Beginn der Sant-Joan-Feierlichkeiten das Stück *Foc i Fum* aufzuführen, ein Werk des aus Ciutadella gebürtigen **Joan Benejam i Vives**, das im Jahre 1885 entstanden ist. Die Aufführung von *El viatge tràgic de l'amo en Xec de S'Uastrà*, das zu Beginn des 19. Jahrhunderts von **Ángel Ruíz i Pablo**, einem Autor aus Es Castell, verfaßt wurde, steht ebenfalls regelmäßig auf dem Spielplan. Zu den traditionsreichen Vereinigungen, wie z.B. dem **Orfeó Maonés** oder den Theatergruppen **Delfí Serra** und **Sant Miquel** aus Ciutadella, haben sich kürzlich neue Gruppen wie **Groc** (Maó) oder **La Clota** (Ciutadella) hinzugesellt, die sich sehr dafür engagieren, das "heilige Feuer" am Leben zu erhalten. Und trotz der unausbleiblichen Probleme, denen sie sich gegenübersehen, gelingt es ihnen dank ausgezeichneten Aufführungen und der ständigen Erneuerung des Ensembles, die Liebe zum Theater am Leben zu erhalten.

Literatur

Der Einfluß Menorcas auf die katalanische und die europäische Literatur erlangte, wenn auch nur wenigen bekannt, eine beachtliche Bedeutung. Seit der Gründung des Kulturvereins von Maó im Jahre 1778 konsolidierte sich ein intellektueller Zirkel, der, inspiriert von den aufklärerischen Vorstellungen der Epoche, ein reges Engagement entwickelte. Viele Mitglieder dieser Gruppe absolvierten ihre Studien im Süden Frankreichs, so wie beispielsweise **Joan Ramis i Ramis**, der in Avignon studierte. Unter den katalanische Autoren seiner Zeit war dieser Schriftsteller der hervorragendste Vertreter des Neoklassizismus. Zu seinen Werken gehören *Lucrecia* (1769), ein Gesang auf die "republikanische" Freiheit, *Arminda* sowie *Rosaura o el més constant amor*. In dieser Epoche wurden auf Menorca die Werke von Molière, Goldoni, Metastassio und anderer Klassiker in Katalanische übersetzt. Wissenschaftliche Studien wurden veröffentlicht, beispielsweise die linguistische Abhandlung *Principis de lectura menorquina*, in ihr verdeutlichte der Autor, **Febrer i Cardona**, bereits damals, die Einmaligkeit des Menorquinischen gegenüber den restlichen Regionen des katalanischen Sprachraums.
Auf dem Gebiet wissenschaftlicher Publikationen ist für die erste Hälfte des XIX. Jahrhunderts vor allem das Werks des **Doktor Orfila i Rotger** (Maó 1787 - Paris 1853) hervorzuheben. Er studiert Chemie und Medizin in Paris; seine Studien zur Toxikologie galten lange Zeit als Standardwerk in dieser Disziplin. Später wurde er Leibarzt von Luis XVIII und Professor für Chemie an der Universität von Paris.
Diese Vorläufer legten zweifelsohne den Grundstein für die gesamte in unserem Jahrhundert auf Menorca enstandene Literatur. Diese Werke reichen von den vortrefflichen Studien zur Volkskunde des einzigartigen **Francesc d'Albranca** (z.B. *Folklore menorquí de la pagesia*) bis zur neuesten Erzählkunst des preisgekrönten **Pau Faner**. Nicht zu vergessen die poetischen Werke von **Gumersind Riera**, **Pere Gomila**. und **Ponç Pons**. Da eine vollständige Aufzählung zu lange würde, empfehlen wie den interessierten Lesern, sich dazu in den Fachbuchhandlungen zu erkundigen. Die außerordentliche Bedeutung der "Revista de Menorca" dagegen muß hier erwähnt werden, die vom Ateneu Cientific, Literari y Artístic in Maó seit 1888 herausgegeben wird. Ein Gleiches gilt für die Enzyklopädie Menorcas, ein ausgezeichnetes Werk des Balearischen Kulturverbandes, in ihr werden sämtliche Aspekte der menorquinischen Realität behandelt. Vier Bände sind bereits in einer sorgfältigen Ausgabe erschienen, das in einzelnen Fortsetzungen herausgegebene Nachschlagewerk kann noch abonniert werden.
Ein kurioses Lokal, in dem der Gast nach Herzenslust schmökern kann - das Büchercafé **La Torre de Papel** in Ciutadella, Camí de Maó 46. In einer ansprechenden Umgebung kann man hier den Genuß der Lektüre mit dem Genuß einer Tasse Kaffee verbinden. Verkauf von neuen und gebrauchten Büchern in vielen Sprachen.

Buchempfehlungen

- Arxiduc Lluís Salvador d'Àustria. **La isla de Menorca**. Edició facsímil dels volums VI i VII del "*Die Balearen in Wort und Bild*". "Sa Nostra" 1982.
- Armstrong, John. **Història de la isla de Menorca**. Edit. Nura 1978.
- Ballester, Pere. **De re cibaria** (*cocina, pastelería y repostería menorquina*) Edit. Puig, 1986.
- Camps i Mercadal, F. (Francesc d'Albranca). **Folklore Menorquí**. 1987.
- Cao Barredo, M. **Les Flors de Menorca**. G.O.B. 1996.
- Catxot, Santi, und Escandell, Raúl. **Vögel Menorcas**. G.O.B. 1997.
- Faner, Pau. **Flor de sal**. Destino 1986.
- Florit, F. und Sauleau, L. **Canteras de Marès**. Líthica. 1997.
- Garrido, Carlos. **Menorca mágica**. Olañeta, 1990.
- Lafuente, Lorenzo. **Menorca, costumbres y paisajes**. Edit. Nura, 1975.
- Martorell, Josep. **Guia d'arquitectura de Menorca**. La Gaia Ciència. 1980.
- Mascaró Pasarius, Josep. **Geografía e Historia de Menorca**. (5 Bänder). Menorca. 1980/84.
- Mascaró Pasarius, Josep. **Las taulas**. Edit. Al-thor. 1983.
- Mata, Micaela. **Conquestes i reconquestes de Menorca**. Editorial 62. 1974.
- Mata, Micaela. **Menorca Británica**. I.M.E. 1994.
- Nicolás Mascaró, Joan C. de. **Guia des Camí de Cavalls de Menorca**. Triangle Postals. 1997.
- Nicolás Mascaró, Joan C. de. **Talaies i torres de defensa costanera**. I.M.E. 1994.
- Pallarès, Virgínia i Taltavull, Enric. **Guía Náutica Menorca**. Virgínia Pallarès. 1992.
- Pla, Josep. **Mallorca, Menorca e Ibiza**. Destino. 1950.
- Plantalamor Massanet, Lluís.

L'arquitectura prehistòrica i protohistòrica de Menorca. Govern Balear. Treballs del Museu de Menorca, n. 13.
- Pons, Guillermo. **Historia de Menorca.** Menorca, 1977.
- Pons, Ponç. **Memorial de Tabarka.** Cruïlla, 1993
- Riudavets i Tuduri, Pedro. **Historia de la Isla de Menorca** (1888) 2 Bänder. Al-Thor. 1983.
- Sabrafin, Gabriel. **Cuentos fabulosos y leyendas de las islas.** Olañeta, 1988.
- Sintes i de Olivar, **M. Pascual Calbó Calders, un pintor menorquín en la Europa Ilustrada.** "Sa Nostra". 1987.
- Vuillier, Gaston. **Les Illes Oblidades**. Edit. Moll, 1973.
- VV.AA. **Guia Arqueològica de Menorca**. C.I.M. 1984.
- VV.AA. Quaderns Xibau. **Col·lecció de Poesía Contemporània.** I.M.E. 1990/95.
- VV.AA. **La ciutat des del carrer.** Ateneu de Maó. 1983.
- VV.AA. **La mar i Menorca** (*La pintura a Menorca del segle XVIII a l'actualitat*). Ajuntament de Ciutadella. 1993.
- VV.AA. Menorca, **Reserva de la Biosfera**. "Sa Nostra". 1994.
- VV.AA. **Vives Llull**. "Sa Nostra" 1993.

KUNSTHANDWERK

Heutzutage beschränkt sich das traditionelle Kunsthandwerk der Insel hauptsächlich auf die Töpferei und die Herstellung von *avarques* (typische Schuhe der Landbewohner), doch es gibt auch Korbflechter und Handwerker, die sich der Anfertigung von Modeschmuck, Lederwaren, Batiken, Papierdrucken usw. widmen.

Die traditionellen Töpfereiwaren sind an ihren großzügigen Abmessungen zu erkennen und werden mit Tonmaterial aus Menorca angefertigt. Sie werden im Ofen gebrannt, nicht lackiert und kaum poliert. Unter den Stücken mit einem besonderen Zauber möchten wir folgende hervorheben: Henkelkrüge (*de barca, de cul estret, castanyes*), Tonflaschen (*la buldrofa, ses botilles*), Tonpfeifen mit hölzernem Mundstück, Wasserkrüge (der *caduf* wird in den Brunnen eingesetzt), Waschnäpfe (*ribelles*), Korbflaschen (der *maridet* wird als Wärmflasche verwendet), Gießkannen, Futternäpfe und "Nester" für die Hoftiere, der *test de peu*...

In der **Gerreria de n'Artur Gener**, in der Straße Curniola Nr. 12 in Ciutadella, werden die Familientradition aufrechterhalten, hier wird noch mit den überlieferten Techniken gearbeitet. In Maó, Moll de Ponent Nr. 10 hat die Firma **Hermanos Lora Buzón** das Angebot traditioneller Artikel durch moderne, selbstentworfene Stücke vervollständigt; außerdem werden dort Drechslerarbeiten und Malereien ausgestellt.
Es gibt eine Vielzahl von Geschäften, in denen traditionelle oder auch moderne Keramiken angeboten werden, und vielerorts werden die *avarques* zum Kauf angeboten. Wenn man jedoch einen Kunsthandwerker bei der Arbeit sehen möchte, sollte man die **Can Servera** in der Straße Metge Camps, Es Mercadal, oder die Werkstatt von **Can Doblas Artesania** in der Straße Fred Nr. 1 in Ferreries aufsuchen.

Kunsthandwerk kann man auch auf den ständigen Jahrmärkten (nur im Sommer) oder Wochenmärkten finden: **Ses Voltes** und **S'Esplanada** (in Maó), **Baixada Capllonch** (im Hafen von Ciutadella), **Baixada de Cales Fonts** (Es Castell) und auf dem **Mercat d'Artesania** in Alaior. Ebenfalls sehr interessant ist der Wochenmarkt, der jeden Samstagmorgen auf der **Plaça d'Espanya** in Ferreries stattfindet, wo man sich ein gutes Bild von der Arbeit der Bauern der Umgegend machen kann, die dort ihre Erzeugnisse anbieten: Honig, Käse, Marmelade, Konserven usw.

ANTIQUITÄTEN

Antiquitätengeschäfte sind praktisch in allen Orten der Insel zu finden. Das ist auch nicht weiter verwunderlich auf einer Insel, die im Verlauf ihrer Geschichte Elemente der verschiedensten Kulturen aufgenommen hat; es gibt hier unzählige Gegenstände, die durchaus als Antiquitäten gelten können, angefangen bei den archäologischen Funden (die heute nicht mehr verkauft werden dürfen) bis hin zu Fossilien u.ä. Darüber hinaus haben die Zeiten der französischen und englischen Herrschaft auf der Insel natürlich auch ihre Spuren hinterlassen. In diesem Zusammenhang sind besonders die klassischen englischen Möbel zu nennen, die seinerzeit eine bedeutende Industrie hervorgebracht haben. Die aus edlen Hölzern gefertigten Stücke stammen zumeist aus Palästen und *cases de senyors* – Herrenhäusern –, doch auch in etwas bescheideneren Wohnhäusern waren und sind sie zu finden, etwa aufgrund einer Schenkung des Herrn an seine Bediensteten oder auch infolge von Erbschaften. Diese Möbel sind heutzutage sehr geschätzt. Doch auch die rustikaleren Möbel, zu deren Herstellung herkömmliche Werkstoffe verwendet wurden, sind sehr gefragt, da auch sie Stilelemente der eleganten englischen Möbeltechnik aufweisen. Hinzu kommen vielfältige Accessoires, die oftmals importiert wurden, weil sie auf der Inseln unbekannt waren, und alte Gemälde oder Nippsachen; besonders aus der Zeit vom 17. bis zum 20. Jahrhundert ist das Angebot ausgesprochen verführerisch.
Die angebotenen Möbel lassen unterschiedliche Qualitäten erkennen, die Preise hängen von der jeweiligen Kategorie oder dem Erhaltungszustand ab, so daß wir an dieser Stelle keine Adressen oder konkrete Hinweise geben wollen. Dem Antiquitätenliebhaber wird es nicht schwerfallen, sie zu finden, insbesondere in Maó und Ciutadella, und wir wollen ihnen nicht den besonderen Reiz nehmen, der sich aus der Suche auf eigene Faust ergibt.

FESTE

Wir hatten es bereits erwähnt, als es um die Feste in Ciutadella ging: bei dem Versuch, die Feste zu beschreiben, die den Schutzheiligen der jeweiligen Orte in Menorca geweiht sind, kommt man nicht umhin, über Pferde zu sprechen. Zu diesen Festen gehören vielfältige kulturelle und religiöse Aktivitäten, nicht zu vergessen die zahlreichen Vergnügungen, doch die größte Begeisterung lösen zweifellos die Klänge der *es tambor i es flabiol* aus, welche die **sa colcada** ankündigen und damit den Beginn des **es jaleo**. Abgesehen von dem besonderen Brauch in Ciutadella, der ebenso alt wie detailliert ist, werden in den übrigen Ortschaften die *colcada* und der *jaleo* am Nachmittag der Festeinweihung und am darauffolgenden Morgen abgehalten. Im Maó hat man außerdem den Brauch der **corregudes des Cós** wieder zum Leben erweckt, der von allen Einwohnern des Ortes begeistert aufgenommen wurde. Doch außer den Festen zu Ehren der Schutzheiligen gibt es noch andere Feste. Wie alle Völker des Mittelmeerraumes hat auch die Bevölkerung Menorcas eine reiche Tradition auf diesem Gebiet vorzuweisen, ob es nun um religiöse oder weltliche Feste handelt. Und im Laufe eines Jahres sind das nicht gerade wenige:

Festtagskalender

Januar

Diada de Sant Antoni, das Fest des Schutzheiligen Menorcas. Mit diesem Fest wird der Eroberung der Insel durch Alfons III. gedacht.
16. Januar. Feiern mit Lagerfeuern, bei denen in Maó, Es Castell, Sant Lluís und Es Mercadal Röstbrote mit *sobrassada* – Paprikastreichwurst – serviert werden.
17. Januar. Diverse Aktivitäten in allen Orten. In Ciutadella der traditionelle Jahrmarkt auf der Plaça de l'Hospital und die **Prozession dels Tres Tocs**.

Februar/März/April

Karneval. Das Datum hängt vom liturgischen Kalender ab. Tanzveranstaltungen und Umzüge mit Kutschen und Maskengruppen in allen Ortschaften. Besonders originell sind der *Ball Blanc i Negre* in Es Migjorn und der *Ball de ses Tauletes* im Cassino Nou de Ciutadella, beide am Faschingsmontag.
Semana Santa (Karwoche). Prozessionen und andere religiöse Veranstaltungen auf der ganzen Insel. Eine gesonderte Erwähnung verdienen die Prozessionen *del Sant Enterrament* in Maó und die sehr traditionsreiche Prozession in Es Migjorn Gran, jeweils am **Karfreitag**. Am **Ostersamstag** gibt es ein Konzert mit sakraler Musik in der Kathedrale von Ciutadella sowie andere religiöse Veranstaltungen, die im Ritus des *Foc Nou* auf dem Kirchenvorplatz ihren Höhepunkt finden. Am **Ostersonntag** finden die Prozessionen *del Encontre* in Maó und erneut die bereits erwähnte Prozession in Es Migjorn Gran statt. In Ciutadella findet am Mittag das *matar es Bujot* statt; dabei wird unter lautem Musketengeböller die symbolische Puppe angezündet. In vielen Ortschaften tragen Chöre das traditionelle *Deixem lo dol* vor, mit dem der **Fastenzeit** ein Ende gesetzt wird.
Pfingsten. Veränderliche Termine. In Ciutadella und besonders in Ferreries zieht die ganze Bevölkerung aufs Feld oder an den Strand (*anar a vega*).

Mai

Ses Coques de Sant Josep. Am ersten Sonntag des Monats in Ferreries. Auf diesem erst kürzlich wieder zum Leben erweckten Fest werden die zuvor gesegneten *ensaïmadas* und *cocas* (typisches Gebäck) zugunsten der Gemeinde versteigert.
Sant Isidre. 15. Mai. Die Landbevölkerung ehrt an diesem Tag ihren Schutzheiligen. In der Ermita de Fàtima werden religiöse Veranstaltungen und Volksvergnügungen organisiert.
Processó de Maria Auxiliadora. Am 24. Mai bzw. an dem darauffolgenden Sonntag in Ciutadella. Das fest wird mit religiösen Feierlichkeiten und einer Prozession durch die Altstadt begangen. Die Stadtkapelle gibt ein Konzert in Sa Contramurada; auf der Straße wird ein tanzabend veranstaltet.

Juni

Dia des Be. Das schönste Lamm der Umgegend wird mit farbigen Schleifen geschmückt und zu Ehren von Johannes dem Täufer durch *s'homo des be* spazierengeführt. Zusammen mit dem *fabioler* durchzieht es die Straßen von Ciutadella und verkündet am Sonntag davor die ...
Festes de Sant Joan. 23. und 24. Juni. Beginnend mit dem Abendgottesdienst in der Kirche Sant Joan de Missa wird in Ciutadella das bedeutendste Fest des Jahres gefeiert: Haselnußschlacht, *jaleo*, *colcades*, *caragols* ... bis hin zu den Reiterspielen in Es Pla: *ses carotes, ses ensortilles, córrer abraçats* ...
Sant Pere. 29. Juni bzw. der darauffolgende Samstag. Hafenfest im Port de Maó. Dazu gehören typische Spiele, wie *es capellet*, Habanera-Konzerte und Feiern in S'Hort Nou. Außerdem werden Segel- und Ruderregatten veranstaltet.

Juli

Commemoració de l'assalt dels turcs. Am 9. Juli finden in Ciutadella Veranstaltungen zum Gedenken des *s'any de sa desgràcia* statt (im Jahre 1558 hatte die Bevölkerung die Folgen eines Überfalls durch die türkischen Truppen zu erleiden). Das **Llibre Vermell de l'Acta de Constantinoble** wird öffentlich verlesen und danach wird die Zusammensetzung der *Junta de Caixers* für das kommende Jahr verkündet.
Festa de Sant Cristòfol. 10. Juli in Es Migjorn Gran. Tanzveranstaltungen und – alle fünf Jahre – Pferde und *jaleo*.
Processons marineres del Carme. 15. und 16. Juli. In den Häfen von Maó, Fornells und Ciutadella werden in geschmückten Booten die Heiligenbilder der Virgen del Carmen ausgefahren.
Festes de Sant Jaume. 24. und 25. Juli. Fest zu Ehren des Ortspatrons von Es Castell.
Festes de Sant Martí. In Es Mercadal, am dritten Wochenende des Monats.
Festes de Sant Antoni. In Fornells, am vierten Wochenende des Monats.
Festes de Sant Cristòfol de ses Corregudes. In Es Migjorn Gran, am fünften Juliwochenende oder am ersten Augustwochenende.

August

Festes de Sant Gaietá. In Llucmassanes, am ersten Wochenende des Monats.
Festes de Sant Llorenç. In Alaior am ersten Wochenende nach dem 10. August.
Festes de Sant Climent. Am dritten

INFORMATIONEN UND EMPFEHLUNGEN

Wochenende des Monats.
Festes de Sant Bartomeu. In Ferreries, am 23., 24. und 25. August.
Festes de Sant Lluís. Am letzten Wochenende des Monats.

SEPTEMBER

Festes de Gràcia. In Maó, am 7. und 8. September. Vielfältige Feierlichkeiten; besonders hervorzuheben sind dabei die wieder zum Leben erweckten *corregudes des Cós*.
Festa de Sant Miquel. In Es Migjorn Gran, am 29. September. Alle fünf Jahre wird die Feierlichkeit mit Pferden und *jaleo* begangen.

NOVEMBER

Tots Sants. Am 1. November (Allerheiligen). Auf der ganzen Insel werden an diesem Tag die traditionellen Honigkuchen gebacken und verzehrt.

DEZEMBER

Weihnachten. In vielen Ortschaften wird das traditionelle Weihnachtsstück *Els Pastorells* aufgeführt. In Maó wird die sogenannte Diorama-Ausstellung veranstaltet, die an verschiedenen Orten aufgebauten Krippenspiele werden besichtigt (besonders erwähnenswert sind die Krippenspiele des Seminari und Santa Clara).
Silvesternacht und Neujahr. In den verschiedenen Ortschaften werden von den *ses campanades* auf den Plätzen mit einer öffentlichen Uhr Neujahrfeiern organisiert.

WEITERE KULTURELLE EREIGNISSE

CODOLADES

Unter diesem Namen kennt man die volkstümlichen satirischen Dichtungen, die unter Verwendung eines besonderen Versmaßes bestimmte Situationen oder Ereignisse des örtlichen Lebens erörtern.

GLOSATS

Dichterwettstreit mit zwei oder mehr Teilnehmern, bei denen die Widersacher einander mit Versen "bekämpfen", die hinsichtlich der Strophenform und des Silbenrhythmus sehr strengen Regeln unterliegen. Eine Gitarre untermalt die Rezitation und gibt den Rhythmus der Dichtung vor.

Beide Kunstformen erleben derzeit eine wahre Renaissance, was nicht zuletzt den Bemühungen der Gruppen aus Ferreries und Ciutadella zu verdanken ist, die in regelmäßigen Abständen an verschiedenen Stellen der Insel Rezitationsabende organisieren.

FREIZEITGESTALTUNG - SPORT AUF MENORCA

In den letzten Jahren hat sich das Sportangebot auf Menorca vervielfältigt; es wurden neue Anlagen geschaffen, Wettkämpfe ausgerichtet und Schauveranstaltungen organisiert. Alle Orte verfügen über einen eigenen Sportkomplex, und auch in vielen Hotels und Feriensiedlungen sind Sportanlagen zu finden.
Wir möchten jetzt nicht auf die Wettkampfsportarten wie Fußball oder Basketball, die Turniere, an denen nur eingetragene Mannschaften teilnehmen dürfen, und auf die Sportschulen der verschiedenen Gemeindeverwaltungen eingehen, sondern nur auf jene Anlagen und Sportarten zu sprechen kommen, die auch den gelegentlichen Besuchern zugänglich sind.
Zum Abschluß sollen zwei traditionelle Spiele etwas eingehender behandelt werden.

CRICKET

Da auf der Insel viele britische Staatsbürger leben, wurde ein Cricket-Klub gegründet.
Bereits vor etwa zehn Jahren, kam es, unter anderem auch begünstigt durch die Präsenz einer ausgedehnten Gruppe von Einwohnern britischer Herkunft, zur Gründung des Klubs. Er befindet sich im Gemeindegebiet von Sant Lluís und verfügt, neben den gewöhnlichen Serviceeinrichtungen, als einzige Anlage dieser Art in ganz Spanien über einen Rasen. Die Spiele finden gewöhnlich samstags statt. Gelegentlich kommt es zu Derbys zwischen ausländischen und lokalen Teams.

GOLF

Son Parc, der einzige Golfclub der Insel in der gleichnamigen Siedlung im Gemeindegebiet von Es Mercadal, verfügt über ansprechende Anlagen mit 18 Löchern. Ursprünglich sollten weitere Plätze an anderen Stellen der Insel ange-

legt werden, doch diese Pläne wurden im Hinblick auf die damit verbundene Beeinträchtigung des Umweltgleichgewichts wieder aufgegeben.

REITSPORT

Die herausragende Rolle gesprochen, die den Pferden bei den Festen auf Menorca zukommt, wurde bereits angesprochen; doch geht die Liebe zur Pferdehaltung und zum Pferdesport noch viel weiter. Jedes Jahr werden Zuchtwettbewerbe veranstaltet, um die Reinheit und die Qualitäten der einheimischen Rasse zu pflegen und zu erhalten. Das Angebot für Liebhaber des Pferdesports ist sehr vielfältig. Wir möchten kurz die wichtigsten Aktivitäten ansprechen:
Auf den Rennbahnen von Maó und Ciutadella (Landstraße Maó-Sant Lluís bzw. Torre del Ram) werden an fast allen Sonn- und Feiertagen Traber- oder Galopprennen veranstaltet; natürlich fehlt auch der dazugehörige Wettbetrieb nicht. Übrigens werden auf keiner anderen spanischen Rennbahn Traberrennen durchgeführt.
Natürlich gibt es auch private Reitställe:
Club Hípic Ciutadella. Landstraße von Maó, km 42.
Club Hípic Ferreries. Landstraße Ferreries- Es Migjorn.
Club de Bintaufa. Landstraße Maó-Sant Lluís.
Reitschulen:
Club Escola Cuadras Binidali. Landstraße Sant Climent-Binidalí, km 3.
Club Escola Menorquina. Landstraße Ferreries-Cala Galdana (hier werden oft Dressurprüfungen veranstaltet).
Reitkurse für Anfänger und Pferdeverleih für Ausflüge:
Alaior: **Picadero Menorca.** Landstraße nach San Bou.
Ciutadella: **Ses Pedreres,** Landstraße von Maó, gegenüber dem Club Hípic.
Sant Climent: **Picadero Binixica.** Landstraße nach Cala en Porter.
Sant Lluís: **Es Boueret.** Siedlung S'Algar.
Andere Möglichkeiten:
Ponny Club (nur für Kinder) in der Siedlung San Tomás, Es Migjorn Gran.

Tennis

Aufgrund der zunehmenden Popularität dieses Sportes sind viele Tennisschulen mit einem vielfältigen Unterrichtsangebot entstanden. Geschützt im Schatten der Pinien gelegen, bietet der **Tennisclub S'Algar** in Sant Lluís mit seinen ausgezeichneten Tennisplätzen ideale Voraussetzungen. Zu dieser Anlage gehören außerdem zwei Plätze für **Paddle-Tennis** mit Kunstrasen, die einzigen dieser Art auf der Insel.

Weitere Freizeitangebote

Wer einen Blick von oben auf die Insel werfen möchte, kann im **Aeroklub von Sant Lluís** ein Sportflugzeug mieten. Auf demselben Gelände befindet sich außerdem eine Go-Kart-Bahn, hier können Fahrzeuge gemietet werden.
Der balearische Verein für Vogelkunde "Grup Balear d'Ornitologia" (**GOB**) bietet interessante Alternativen zur Erkundung der Insel. Er organisiert für kleinere Gruppen Exkursionen aufs Land, an interessante Strände oder archäologische Stätten. Für Vogelliebhaber und Naturfreunde. Adresse: Maó, Camí des Castell, 138, Tel. 35 07 62 (9 bis 15 h.).
Von den Traditionelle Spiele, mit denen sich früher die Inselbevölkerung vergnügte, ist wenig überliefert. Eines dieser Spiele, **La Bolla** wird nur noch in einem einzigen Raum in Sant Lluís gepflegt, der zur Gaststätte La Bolla in Es Cos Nr. 56 gehört. Es ähnelt in mancher Hinsicht dem Bocciaspiel, so daß man vermutet, daß es während der Besetzung der Insel durch Frankreich entstanden ist.
Das **Joc Maonés**, ein anderes auf der Insel entstandenes Spiel, hat große Ähnlichkeit mit einem Kampfsport und war jenen vorbehalten, die sich gründlich mit seinen Regeln vertraut gemacht hatten. Es wurde von den Meistern in mündlicher Überlieferung von Generation zu Generation weitergegeben. Wir sagen "wurde", weil es mittlerweile nicht mehr als Freizeitbeschäftigung für Erwachsene unterrichtet wird. Vielleicht liegt das an mangelnden Interesse oder einer unzureichenden Unterstützung durch die Behörden, obwohl es noch immer im Maó so manchen Meister dieses Spiels gibt. Das wird uns sicher noch leid tun, denn abgesehen vom kulturellen Wert wird diesem Spiel eine außerordentliche Eleganz bei der Durchführung der vorbereitenden Schritte, *tocs*, bescheinigt wird, die eine allmähliche Steigerung erfahren, bis es zum eigentlichen Kampf, *rodar*, kommt. Eine Gefahr für die Teilnehmer gibt es nicht, da die Meister sorgsam darauf achteten, daß die einzelnen Spieler entsprechend vorbereitet waren. Neuerdings scheint das Interesse an dem Spiel erneut aufzuleben. Hoffentlich erhält sich dieser Trend und das Spiel bekommt die dafür nötige institutionelle Unterstützung.

Wassersport

Auf diesem Gebiet findet der besucher ein vielfältiges Angebot vor. Segel- und Motorboote, Tretboote, Surfboards können gemietet werden. Obwohl es an der gesamten Küste viele geschützte Häfen gibt und die Insel eine lange Tradition im klassischen Rudersport aufzuweisen hat, konnte sich der Kanusport erst in letzter Zeit durchsetzen. Inzwischen gibt es Maó einen **Kanuverein**, der die Regeln für diesen Sport festlegt; der Verein verleiht gelegentlich Boote. Das Hotel s'Algar in Sant Lluís hat den Kanusport ebenfalls in sein Freizeitprogramm aufgenommen. Die Häfen von Maó, Ciutadella und Fornells können ebenso wie die kleineren Häfen der verschiedenen Feriensiedlungen einen tadellosen Service vorweisen. Was das Ausleihen von Booten angeht, beachten Sie bitte, daß die Nachfrage in der Hochsaison deutlich ansteigt. Nachfolgend einige Hinweise zu den Angeboten im Bereich des Wassersports.
Im Hafen von Maó, am Moll de Llevant, verleihen **Menorca Nàutic** und **215 S.A.** Segel- und Motorboote Bootsverleiher. Möchten Sie jedoch eine einfache Hafenrundfahrt mitmachen, so haben Sie dazu am Moll de Ponent Gelegenheit. Sie können dort eines der Boote nehmen, die von dort abfahren. Die Ausflüge dauern ungefähr eine Stunde und werden von Reiseführern in verschiedenen Sprachen kommentiert. Hier hat man nun die Wahl, einerseits gibt es die traditionellen Boote, die zwar eine geringere Leistung aufweisen, sich aber doch eher in das Landschaftsbild einfügen, sie gleichen den volkstümlichen d'en Reynés-Booten, die früher zwischen den beiden Ufern verkehrten; daneben stehen moderne, leistungsfähigere und höhere Booten zur Verfügung, die teilweise mit Glasböden ausgestattet sind, so kann man während der Fahrt die Unterwasserwelt beobachten.
Von Es Castell aus werden um die Mittagszeit ähnliche Hafenrundfahrten veranstaltet. Der Besuch der **Illa del Llatzeret** ist derzeit auf organisierte Gruppen beschränkt. Weitere Informationen erhalten Sie unter der Rufnummer 36 25 87. Von Es Grau geht eine Feluke ab, sie bringt die Besucher zur **Illa d'en Colom**, wer möchte kann dort bleiben bis das Schiff von seiner täglichen Rundfahrt zurückkehrt.
Im Hafen von Fornells, die hier vorhandenen ausgezeichneten Bedingungen für die verschiedensten Wassersportarten wurden bereits erwähnt, steht ein Seetaxi bereit, das Sie an jeden gewünschten Ort bringt. Der **Servi-Nautic Menorca** verleiht ebenfalls Motor- und Ruderboote.
Windsurf Fornells, verleiht Surfboards, Segelboote und Katamarane. Der **Club Nàutic ses Salines** ist eine erstklassige Segelshule.
Im Hafen von Ciutadella wie auch in Cala Galdana liegen Boote bereit, die den Besucher an die verschiedenen Strände der Südküste bringen. Mehrere davon sind ebenfalls *Glass-Bottom*-Boote; dies ist hier um so faszinierender, da die Fahrtrouten eigens dafür ausgewählt werden. Auch im Hafen von Ciutadella werden Boote vermietet, beispielsweise von der Firma **Sports Massanet**, mit Sitz in der Straße Marina, 66, Moll Comercial. In S'Algar (Sant Lluís), Fornells und Port d'Addaia (Es Mercadal) und in Son Xoriguer (Ciutadella) gibt es Taucherklubs. An dieser Stelle ist auf zwei Vereine hinzuweisen, die sich für die Bewahrung sowohl der Traditionen, der Toponymie der Häfen wie auch für die Erhaltung der Küste einsetzen: *Amics des Port de Maó* (für den Schutz des kulturellen Erbes des Hafens) und die *Amics de la Mar de Menorca* (für die Erhaltung des maritimen Ökosystems im allgemeinen).

Unterbringung

Das Angebot an Hotels, Pensionen und Apartments ist reichhaltig und hinlänglich bekannt, so daß wir auf eine ausführliche Aufstellung verzichten werden. Wir möchten nur jene alternativen Unterbringungsmöglichkeiten erwähnen, die einen Beitrag

INFORMATIONEN UND EMPFEHLUNGEN

zum Umweltschutz leisten.
Es gibt eine Reihe kleiner Hotels, die sorgsam den Merkmalen der Landschaft und der Inselarchitektur angepaßt wurden, ohne deshalb bei Service und Komfort Abstriche zu machen. Da jedoch die Bettenzahl zumeist begrenzt ist, sollte in jedem Fall vorab reserviert werden. Wir möchten folgende anführen:

Hostal Biniali. In Sant Lluís. S'Ullastrar Nr. 50, Tel. 15 17 24, Fax 15 03 52. Eine altehrwürdige, etwas abseits gelegene und sorgfältig restaurierte Villa mit neun Zimmern, Garten und Swimmingpool. Die geschmackvoll ausgestaltete Villa liegt in einer zauberhaften Umgebung.

Hotel Almirante. An der Landstraße Maó-Es Castell, Tel. 36 27 00. Ein schön renoviertes Gebäude im Kolonialstil aus dem 18. Jahrhundert. Hier wohnte Admiral Collingwood, ein Zeitgenosse von Lord Nelson. Das Hotel hat einen gepflegten Garten, Swimmingpool und Tennisplätze. Eines der Zimmer soll noch von Gespenstern bevölkert sein.

S'Engolidor. In Es Mijorn Gran, Straße Major Nr. 3, Tel. 37 01 93. Ein altes Landhaus, das mittlerweile zum Ort gehört. Das Gästehaus hat nur vier Zimmer. Bei den ansprechenden Anlagen wurde die ursprüngliche Ausgestaltung des Hauses weitestgehend erhalten. Berühmt für seine vorzügliche regionale Küche. Der wunderschöne Garten liegt direkt an der Steilküste.

AGROTURISMUS

Eine andere Möglichkeit, die sich seit kurzem auf Menorca bietet, ist der sogenannte "Agroturismus". Es handelt sich hierbei um Landhäuser – llocs –, die für die Unterbringung von Naturliebhabern und Freunden des ländlichen Lebens hergerichtet wurden:

Lloc de Binissaid. In Ferreries, Landstraße nach Cala Galdana, Tel. 15 50 63 und 35 23 03. Das Landhaus liegt in einer bezaubernden Landschaft mit dichten Wäldern an der Steilküste und verfügt über ein reichhaltiges Serviceangebot.

Son Triay Nou. In Ferreries, an der Landstraße in Richtung Cala Galdana gelegen, km. 2,3. Vier Zimmer, Schwimmbad, Tennisplatz und Garten. Das Haus liegt in einer herrlichen ländlichen Umgebung. Informationen erhalten Sie unter folgenden Rufnummern 15 50 78 / 36 04 46.

Lloc de Biniatram. In Ciutadella, Landstraße nach Cala Morell, Tel. 38 31 13.

Ein ehemaliges "Herrenhaus", in dem die Bauern verschiedene Angebote für die Entdeckung der umgebenden Natur bereithalten, hier kann der Besucher die heimische Küche richtig kennenlernen. Das Haus hat vier Zimmer, ein Schwimmbad und Tennisplätze sind ebenfalls vorhanden.

Lloc de Sant Tomàs. In Ciutadella, Camino Vell de Maó, km. 3. Tel. 18 80 51 Dem Gast stehen drei Zimmer zur Verfügung. Angeboten werden Ausflüge mit Pferden, hier kann der Besucher die typischen Gerichte der Insel kennenlernen.

Alcaufar Vell. Ctra. de Sant Lluís nach Alcalfar, km 7,3. Telefon 15 18 74. Vier Doppelzimmer. Die ländliche Umgebung im Osten der Insel bietet vielfältige Möglichkeiten für Ausflüge mit dem Fahrrad, zu Pferd oder zu Fuß...

Binisues. In Ferreries, an der Landstraße Maó-Ciutadella, km 31,6, Abzweigung in Richtung Els Alocs. Informationen erhalten Sie unter der Telefonnummer 37 37 28. Hier sind keine Unterbringungsmöglichkeiten vorhanden, doch gibt es eine Bar und ein Restaurant. Interessant ist der Ort ist vor allem wegen seiner traditionellen Architektur und der Ausstellung von Antiquitäten und typischen Sehenswürdigkeiten aus dem Landleben. Darüber hinaus besteht noch die Möglichkeit, kleine Häuschen am Meer direkt bei den Eigentümern zu mieten. Oft ist es deren Zweitwohnung. Je nachdem ob der betreffende Eigentümer beschlossen hat, den Sommer an der Küste oder in der Stadt zu verbringen, kann man auch die Wohnung in der Stadt mieten.

CAMPINGPLÄTZE

Das Zelten in der freien Natur ist da schon problematischer, selbst für die Einheimischen, weil die Eigentümer der Grundstücke nur ungern ihre Einwilligung dazu geben.
Es gibt zwei offizielle Campingplätze:
S'Atalaia, am km. 4 der Landstraße Ferreries-Cala Galdana gelegen, in der Nähe des Strandes. Tel. 37 42 32. Geöffnet von April bis Oktober, zu der Anlage gehören ein Schwimmbad und weitere Serviceeinrichtungen.
Càmping Son Bou. Der Campingplatz liegt an der Landstraße nach Sant Jaume, km. 3,5. Alaior. Die Anlage verfügt über jede Art von Serviceeinrichtungen, Minigolf,

Sportanlagen, Schwimmbad und Solarium und ist 2,5 km. vom Strand entfernt. Hier findet der Besucher alle Voraussetzungen für einen angenehmen Aufenthalt, besonders günstig ist die zentrale Lage auf der Insel. Telefon und Fax: 37 26 05.
Ferner gibt es noch einige Herbergen in ehemaligen Wachtürmen oder Landhäusern, die restauriert und für die Unterbringung von Gruppen hergerichtet wurden. Sie gehören entweder zum Bistum oder den Gemeindeverwaltungen. In der Regel sind sie Schülern oder Kultur- bzw. Freizeitvereinigungen vorbehalten, doch wenn freie Kapazitäten vorhanden sind, können auch andere Gruppen oder Familien eine Unterbringung beantragen. Normalerweise gibt es in diesen Herbergen eine Küche, Bäder und große Zimmer mit Doppelstockbetten. Genannt seien hier die wichtigsten:

Es Pinaret. In Ciutadella. Telefonische Auskünfte erhalten Sie unter der Rufnummer 48 08 44.

Torre de Son Ganxo und **Lager von Biniparratx**, im Gemeindegebiet von Sant Lluís, Tel. 15 15 16.

Sant Llorenç de Binixems. In der Ermitage gleichen Namens, Gemeindegebiet von Alaior, Tel. 37 11 07.

Es Canaló. Am Anfang der Steilküste von Algendar gelegen, Gemeindegebiet von Ferreries. Tel. 38 21 83.

Sant Joan de Missa. Bei der Ermitage gleichen Namens, im Gemeindegebiet von Ciutadella, Tel. 38 10 82 und 38 13 06.

ESSEN

Gin, Käse - wenn man vom Essen auf Menorca spricht, kommt man an daran einfach nicht vorbei. Doch die Küche der Insel hat noch viele andere Spezialitäten zu bieten, die mindestens ebenso wohlschmeckend sind. Wer in die Geheimnisse der Gastronomie Menorcas eindringen möchte, kann sich von dem bereits zum Klassiker gewordenen Kochbuch *De Re Cibaria* leiten lassen. In dem Buch werden auf sehr anschauliche Weise geläufige und leicht zuzubereitende Gerichte vorgestellt, aber auch andere, die fast schon in Vergessenheit geraten sind. Wer sich bei der Erkundung der Kochkunst Menorcas lieber auf seinen Gaumen verläßt, wird ohne Mühe den Ursprung der einzelnen Gerichte ausmachen können: "Jahreszeitenküche" mit den Zutaten, die Meer und Feld gerade zu bieten haben, in der Zubereitung deutlich beeinflußt von den verschiedenen Eßgewohnheiten, die

im Laufe der Geschichte mit den Besatzern auf die Insel gelangten.
Die **Oliaigo**, manchmal mit Feigen zubereitet, ist ein einfaches Gericht, das man gewöhnlich auf der Speisekarte der Saison findet: es erfordert eine sorgfältige Zubereitung und wird aus gerösteten Zwiebeln, Knoblauch, grünem Paprika und reichlich Tomatenpüree vorbereitet. Dazu wird mit Brot serviert.
Die **caldereta de llagosta**, das berühmteste Gericht auf der Insel, war vor dem Einzug des Tourismus ein ebenso einfache Speise wie die *oliaigo*, das von den Fischern auf den Booten zubereitet wurde. Heute dagegen gilt es als Delikatesse. Die *caldereta* kann auch mit Fisch und Meeresfrüchten zubereitet werden.
Man muß nicht unbedingt nur die exquisitesten Speisen wählen: der **arròs de la terra** (der den nordafrikanischen Kuskus ähnelt) oder die im **Ofen gebackenen Auberginen** sind – wenn gut zubereitet – sehr einfache und dennoch überaus wohlschmeckende Gerichte. Es gibt eine Unmenge von Speisen, die mit gebackenem Teig zubereitet werden, angefangen bei den **formatjades** bis hin zu den **coques de tomàtiga**. Unter den Wurstwaren wären die **sobrassada**, der **camot** und **carn i xua** zu nennen. Auch das Meer hat Delikatessen zu bieten: **escopinyes gravades**, **dàtils**, **peus de cabrit**, **corns**. Es gibt unzählige Süßspeisen: **crespells**, **pastissets**, **ensaïmadas**... Man sollte unbedingt bei Ca's Sucrer in Es Mercadal vorbeischauen, um die **amargos** oder die **carquinyols** zu probieren. Wer kann an der Existenz einer eigenständigen Kochkunst in Menorca zweifeln, wenn doch die internationalste aller Saucen, die *maonesa* – oder auch **Mayonnaise** –, ihren Namen und ihre Entstehung der Stadt Maó verdankt?
Die nächste Frage ist logischerweise: Wo ißt man besonders gut? Nun... das Angebot ist groß, es gibt eine Unzahl von Gaststätten, und die Qualität des Speiseangebots ist von Restaurant zu Restaurant verschieden. Für viele von ihnen schlägt die Fremdenverkehrsindustrie die Werbetrommel und preist ihre Vorzüge. Doch es lohnt sich durchaus, ein wenig "auf Abenteuer" auszuziehen; man kann dabei so manche angenehme Überraschung erleben. Die folgenden Hinweise sollen lediglich eine kleine Orientierung geben; aufgrund ihrer Kürze können sie gar nicht der Gesamtheit des existierenden Angebots gerecht werden, wofür wir jetzt schon um Nachsicht bitten möchten.

Traditionelle Küche

Gute traditionelle Küche bieten die Restaurants **Ca n'Aguedet**, Straße Lepanto Nr. 23 in Es Mercadal, oder **S'Engolidor** in Es Migjorn Gran, ein kleines Gasthaus, das bereits im Zusammenhang mit den Übernachtungsmöglichkeiten genannt wurde. In Maó befindet sich das **Rocama**r, ein Klassiker unter den Restaurants der Insel, wo ein vorzügliches und sorgfältig zubereitetes Menü angeboten wird.

Fischgerichte und Meeresfrüchte

Unter den Restaurants, die sich auf Fischgerichte und Meeresfrüchte spezialisiert haben, wäre unter anderem das unweit von Maó gelegene **Cap Roig** in Cala Mesquida zu nennen; das zudem einen bezaubernden Ausblick auf die Felsküste und den Strand bietet. Im Hafen von Maó gibt es zahlreiche Restaurants, unter denen das **Jágaro** und das **Marivent** (am Moll de Llevant) eine besondere Erwähnung verdienen; letzteres mit einer gemütlichen Hochterrasse und einem gepflegten Ambiente. In Es Castell wird das **Trébol**, am Muelle Cales Fonts, sehr geschätzt, doch es gibt noch andere Restaurants, die ebenfalls einen Besuch wert sind, z.B. **Can Delio**. In Ciutadella stehen die traditionsreichen und angesehenen Restaurants **Cas Quinto**, Plaza Alfons III, und **Tritón**, im Hafen, für ihre Gäste bereit. In Fornells hat man die Wahl zwischen **Es Cranc**, Straße Escoles Nr. 29, und **Es Port** oder **Can Miquel** am Passeig Marítim, und in jedem Falle wird man eine gute Wahl treffen.
Andere Restaurants machen sich den Zauber der alten Häuser zunutze, oftmals auf dem Land, um ein gutes Essen mit einer entspannten und traditionellen Atmosphäre abzurunden. Insbesondere an Sommerabenden ist das eine sehr angenehme Alternative. In dieser Kategorie möchten wir folgende Restaurants hervorheben: **Ca na Pilar** in Maó (Straße des Forn Nr. 16), mit einer gepflegten Speisekarte und Tischen im Garten; **Es Racó des Palau** in Ciutadella, in einer alten, restaurierten Roßmühle (Straße des Palau Nr. 3); oder in Es Mercadal das **Ca n'Olga** (Pont de na Macarrana, ohne Hausnummer) oder **Es Molì des Racó**, letzteres in einer alten, die Landstraße beherrschenden Mühle und wegen seiner Größe nicht mehr ganz so ruhig. Natürlich gibt es auch Restaurants außerhalb der Ortschaften, wobei das Gemeindegebiet Sant Lluís wahrscheinlich die meisten zu bieten hat: **La Caraba** (S'Ullastrar Nr. 78) ist ein bemerkenswertes Beispiel.
Eine andere reizvolle Alternative besteht darin, in der unmittelbaren Nähe des Meeres zu speisen, so läßt sich der kulinarische Genuß mit einem vorher genommenen Bad verbinden. An der gesamten Küste finden sich dafür die unterschiedlichsten Möglichkeiten, dabei kann man sich für ein kleines einfaches Lokal oder eins der gehobenen Klasse entscheiden, die sogar über ein Schwimmbad verfügen. Diese Lokale gibt es in allen Kategorien, viele haben eine ausgezeichnete Küche. Als Beispiel sei hier das Restaurant **Son Ganxo** genannt, in der Feriensiedlung mit gleichem Namen in Sant Lluís. Hier kann sich der Besucher nach einem Bad im Meer an einer bezaubernden Felsengrotte im Schwimmbad erfrischen und anschließend die Vorzüge einer erlesenen Küche genießen.

VERKEHRSVERBINDUNGEN

Flugzeug

Die Fluggesellschaft **Aviaco (IB)** unterhält das ganze Jahr über Flugverbindungen nach Barcelona, Palma und València. Dieses Angebot wird an Ostern und in den Sommermonaten ausgeweitet, für diese Zeit werden Flüge über Palma nach Madrid und andere Zielflughäfen fest ins Flugprogramm aufgenommen. Informationen erhalten Sie unter der Rufnummer 36 90 15, reservieren können Sie unter der Rufnummer 36 56 73.
Die Fluglinie **Air Nostrum (IB)** bietet regelmäßige Flüge nach Zaragoza und Barcelona. Die Rufnummer 902 200 222. steht für Informationen und Buchungen zu Ihrer Verfügung.
Die Fluggesellschaft **Air Europa** hat regelmäßige Flüge nach Barcelona und Palma in ihrem Programm, darüber hinaus werden verschiedene andere Flugkombinationen angeboten.
Die Rufnummern für Informationen und Reservierungen sind: 902 240 042 und 71 55 10.
Der **Flughafen** liegt an der Landstraße PM-703, zwischen Maó und Sant Climent. Der Flughafen hat die Telefonnummer 15 70 00.

Informationen und Empfehlungen

Schiff

Das ganze Jahr über unterhält die **Gesellschaft Trasmediterránea** zweimal wöchentlich eine direkte Schiffsverbindung zwischen den Häfen Maó und Barcelona. An Ostern und in den Sommermonaten wird diese Verbindung täglich angeboten; in den Spitzenzeiten der Hochsaison wird gewöhnlich ein zweites Schiff eingesetzt. Eine weitere feste Schiffahrtslinie verkehrt zwischen Maó und València mit Zwischenlandung in Palma, diese Verbindung wird das ganze Jahr über einmal wöchentlich angeboten. Informationen erhalten Sie unter der Rufnummer 36 60 50. Die **Gesellschaft Flebasa**, Tel. 48 00 12, unterhält zweimal täglich eine direkte Verbindung zwischen Ciutadella und Alcúdia, die Fahrtdauer beträgt drei Stunden. Von Menorca ist dies die beste Möglichkeit für einen Abstecher auf die Nachbarinsel Mallorca, Fahrzeuge werden mitbefördert. Die Gesellschaft bietet neuerdings eine Verbindung per Tragflächenboot an, das die Strecke dreimal täglich in eineinviertel Stunden zurücklegt; Fahrzeuge können aber nicht befördert werden.

Autobus

Drei Busunternehmen (**T. Menorca S.A., Autos Fornells, Autocars Torres**) unterhalten regelmäßige Verbindungen zwischen Maó und Ciutadella (mit Haltestellen in Alaior, Es Mercadal und Ferreries), Es Castell, Sant Lluís, Es Migjorn y Ferreries, Fornells, und Sant Climent. Im Sommer werden weitere Buslinien zu den verschiedenen Feriensiedlungen eingesetzt, die bereits genannten Busverbindungen werden in dieser Zeit verstärkt. In Maó befindet sich der Busbahnhof für die Hauptlinie zwischen Maó und Ciutadella in der Straße Mª Quadrado, nº 7, Tel. 36 03 61, in Ciutadella liegt der Busbahnhof in der Straße Barcelona, nº 8, Tel. 38 03 93. Es empfiehlt sich die Fahrpläne im voraus an den genannten Bahnhöfen oder in den Touristenbüros zu erfragen. Diese Informationen finden sich ebenfalls in dem von der Zeitung **Menorca** täglich herausgegebenen Terminkalender. Hier werden, neben den aktuellen Fahrplänen der Schiffs- und Fluglinien, verschiedenartige Mitteilungen veröffentlicht: Öffnungszeiten von Tankstellen und Nachtapotheken, Veranstaltungskalender und kulturelle Informationen.

Wagen

In den meisten Ortschaften haben einheimische oder internationale Mietwagenfirmen eine Niederlassung. Die wichtigsten dieser Firmen haben Filialen direkt am Flughafen, wo auch die Mietwagen abgeholt/abgegeben werden können. Beachten Sie bitte, daß die Nachfrage in der Hochsaison deutlich ansteigt, so daß es sich empfiehlt, rechtzeitig zu reservieren. Reiseveranstalter und Fluggesellschaften haben normalerweise preisgünstige Kombinationen (Flugzeug-Mietwagen oder Schiff-Mietwagen) im Angebot.
Bitte beachten Sie, daß die Höchstgeschwindigkeit auf den Landstraßen 90 km/h und innerhalb der Ortschaften 40 km/h beträgt. Auf Wald- oder Feldwegen empfiehlt es sich angesichts der in vielen Kurven völlig unzureichenden Sichtverhältnisse, von Hupe und Lichthupe Gebrauch zu machen; in jedem Fall ist äußerste Vorsicht geboten. Radwege und breite Bürgersteige gibt es nicht. Die Neigung der Fahrbahn wechselt ständig – ein weiterer Grund die Geschwindigkeit herabzusetzen. Schließlich möchten wir vor übermäßigem Alkoholgenuß warnen: wer mit mehr als 0,8 Promille am Steuer angetroffen wird, hat mit empfindlichen Bußgeldern zu rechnen.

Gesundheitswesen

Der Hauptsitz des öffentlichen Gesundheitswesens ist das **Krankenhaus Virgen de Monte Toro**, in der Straße Barcelona, nº 3, in Maó, Tel. 15 77 00. In Notfällen kann die Notrufnummer 061 angerufen werden.
Die medizinische Erstversorgung ist über einzelne Bezirke verteilt, die jeweils über ein eigenes Gesundheitszentrum verfügen. Das für den Ostbezirk zuständige, **Dalt Sant Joan**, befindet sich in Maó, in der Straße Fornells nº 107-109, Tel. 35 29 90. Für den Mittelbezirk ist Zentrum, **Es Banyer**, in Alaior zuständig, Straße Mestre Durán, ohne Hausnummer, Tel. 37 29 17 / 37 29 31. Das betreffende Zentrum für den Westbezirk, **Canal Celat**, befindet sich in Ciutadella, Straße St. Antoni Mª Claret, ohne Hausnummer , Tel. 48 01 11 / 48 01 12. Jedes Dorf besitzt außerdem eine **Krankenstation** für die Behandlung leichterer Krankheitsfälle. In Maó, Dalt Sant Joan, gibt es eine **Beratungsstelle für Frauen**, Tel. 35 29 88.

Das **Rote Kreuz** hat an den wichtigsten Stränden Unfallstationen eingerichtet. Darüber hinaus gibt es private Gesundheitszentren, in Ciutadella die **Clínica Salus**, Straße Canonge Moll, ohne Hausnummer, Tel. 48 05 05, und in Maó das **Centro Médico Salus**, Straße Miquel de Veri, nº 3, Tel. 36 68 60.

Notarztwagen

Notrufnummer: Uvi Mòvil 061
Rotes Kreuz:
Maó 36 11 80
Ciutadella 38 19 93

WICHTIGE RUFNUMMERN:

Auftauchen: 112
Feuerwehr
Maó 35 10 11
                     36 39 61
Ciutadella 38 08 09
Zivilschutz: 36 33 53
Telefon. Telegrammaufgabe 36 38 95
Polizei:
Bundespolizei 091
Stadtpolizei 092
Guardia Civil 062
Funktaxi:
Maó 36 71 11
Ciutadella 38 28 96
Landesregierung von Menorca: 35 15 15

Tourismus:
Tourismusabteilung der
Landesregierung 36 08 79
Tourismusförderung 36 23 77
Jugendinformationsbüro ... 36 45 34
Touristenbüro
der Landesregierung 36 37 90
Hotelverband von Menorca:
(Zentrale für Reservierungen
Hotel/Apart.) 36 10 03
Rathäuser:
Alaior 37 10 02
Ciutadella 38 10 50
Es Castell 36 51 93
Es Mercadal 37 50 02
Es Migjorn Gran 37 01 11
Ferreries 37 30 03
Maó 36 98 00
Sant Lluís 15 09 50
Konsulate:
Deutschland 36 16 68
Frankreich 35 43 87
Großbritannien 36 33 73
                        71 24 45
Italien 72 42 14
Niederlande 35 43 63